日米戦争はなぜ勃発したか

高橋英之

メシの問題からみた昭和史と現代日本

社会評論社

＊日米戦争はなぜ勃発したか＊　目次

まえがき

食は人間の基本である。食い物の恨みはこわい、ともいう。
戦前日本人の主食は米であったが、国内産の米だけでは足りないため、不足分を朝鮮・台湾の植民地から移入し、残りをタイなど外国から輸入した。外国からのは「輸入」というが植民地からのは「移入」と呼んだ。では、朝鮮の人々の食糧はどうしたかというと、日本に持って行かれて足りない分を、満州から粟を輸入して補った。こうして満州は、日本の米確保において間接的に重要なはたらきをした。
昭和六年版『満蒙年鑑』には、これにかんして次の記事がある。〈近年における満州産粟の対朝鮮輸出が盛んなのは、朝鮮米の内地移出の増加に伴いその代用となるからである。かくて満州粟は日本の食糧問題の解決上、間接に重要な役割をつとめている。ちなみに北満産粟の朝鮮輸出は逐年増加の傾向あり、他面、当業者共同の利益増進を図るため、昭和4年1月ハルピン粟輸出組合の実現を見るに至った。なお本組合に対しては満鉄及び朝鮮総督府ならびに国際運輸の後援がある。〉
一九三一（昭和六）年、満州から朝鮮への粟の輸出は一五万七千トン（一一二万石）で、日本への約一〇倍だった。この件にかんして矢内原忠雄は一九二八（昭和三）年出版の『人口問題』で次のように評している。

〈朝鮮米は大部分移出向きとして生産せらるるが故に、朝鮮人の食糧そのものは外部より補充せられねばならない。鮮米の内地移出増加に伴いて、外米及び満州粟の朝鮮への輸移入激増せるは顕著なる事実である。故に内地食糧問題の解決上、朝鮮米の移入に依存すること大となればなるほど、朝鮮自身の食糧問題は深刻となる。結果より見て、内地人は品質優等なる朝鮮米を食い、朝鮮人は品質劣等なる外米及び満州粟を食うこととなっている。加うるに土地喪失農民離村に伴う朝鮮人の経済的悩みは深刻を加えつつある。故に朝鮮米の移入増加を賀する者は、また思いをこの点に致さざれば不慮の禍を招くであろう。〉

この矢内原の文章には抑えられた義憤の口調がある。自分は他人から奪ったいいメシを食い、その相手には粗食をあてがった。あまつさえ、それを以て日本の食糧が確保できたと慶賀する者までいた。これはそうとうに酷薄な精神のなす所業ではあるまいか。

戦時中に残虐事件のたぐいが起きたが、そういう残酷さはなにも戦争がはじまってから急に生じたのではない。それ以前にこのような植民地人にたいする酷薄さがあり、それがそのまま延長して出ていったものと思われる。

いや、じつは植民地にたいする仕打ちも初めてではない。すでにその前から、日本の都市では初期資本主義による労働者への苛酷な待遇があったし、農村では地主制度における地主が、せまい農地を耕す小作人から、収穫のざっと五割を小作料として徴収した。酷薄さというのはまず身近な他者にたいして養い、それを外へと及ぼしていくもののように思われる。なぜ、そういう酷薄さが生じてきたのか。戦前の社会は多くの国民にとって貧困と格差のきびしい生きづらい社会であった。そうした生きづらさのなかで人間的な共感が失われ、酷薄さが醸成されたようだ。

生きづらい、いわば病んだ社会は、やがて戦争などの病んだ行動を起こすにまで至る。戦争になって初めて病むのではない、戦争をおこす前に、あらかじめ病んでいるのだ。病んだふるまいを起こしたくないなら、社会の健康を維持しなければならない。それはつまり、人々が一定水準以上に幸せな、よい社会をつくることだ。

ここで、幸せの指標として生活資料に注目したい。「生活資料とは人類の生活に要する消費財にして、その中心をなすものは食物である」（矢内原）。生活資料はたぶんに数で計量できる。私は理系人間なので「数」を信じている。数がすべてではないが数の威力を信頼する。たとえば次のような数値モデルを考えてみたい。戦前日本の人口はざっと七千万であった。

いま、人口七千万人にたいして八千万人分の生活資料があって、それがほぼ平等に分配されているとすれば、これは裕福で平和な生活ができる。金持ち喧嘩せず。自分から進んで決死の全面戦争をしかけることはないだろう。

しかし、もし人口七千万人にたいして六千万人分の生活資料しかなければ、これは社会が不安定化するだろう。まして、そのうちの一千万人が、三千万人分の生活資料を取ったとしたら、残りの六千万人は、わずか三千万人分の生活資料で生きねばならなくなる。社会全体として貧困だが、格差によって一部の者は富裕になり、多くの者はよりひどい貧困となる。これでは何らかの争乱が起きるにちがいない。争乱――攻撃の矛先が国内の不平等に向かえば革命となり、国外に向かえば侵略や戦争となる。革命か戦争か。あるいはその両方か、というのは、所得を平準化しても総量の不足があるから革命だけで終わらないのかもしれない。いずれにせよ、なんらかの混乱が起きずには済まないだろう。

その騒乱を後から見てその原因をもとめたときに、七千万人にたいして六千万人分しかなく、しかも一千万人が三千万人分をとり、六千万人が三千万人分をとるという、この数値こそが最もよくその原因を説明してくれる。

生活資料が不足すれば人々の欲求が充足せず、その結果、怒りや怨みつらみが渦巻き、その情動があつまって内圧となり、ついに動乱に至る。生活資料不足と動乱との間を、人々の情動が媒介している。動物ならパニック行動になる場面だ。インプットが生活資料の不足、アウトプットが動乱、その二つを結ぶブラックボックスが情動で、その部分に「人間はこうなればこうするはずだ」という人間モデルが介在する。

ただ、情動は数値化しにくい。それに対して生活資料は計量できる。客観化しやすいのだ。だからわれわれは可能なかぎり数を見ていきたい。数値歴史学が欲しいとさえ思う。数が醸成するであろう情動については推測にゆだねることになるが、情動にふれなかったからといってもむろん情動がなかったと思っているわけではない。

本書ではなるべく上述のような数値モデルをつくる方向で資料をしらべていきたい。もちろん現実にはそんなに単純なモデルはできないけれども、それを目標にはしたいと思う。

ここで理解の鍵となる〝変数〟は、次の二つの統計的数値である。一つは、六千万人分／七千万人、つまり約〇・八六という生活資料の一人当たり「平均値」。もう一つは、一千万人が三千万人分を取り、残りの六千万人が三千万人分を取るというような、生活資料分配の不平等さを表わす「分散」である。平均値と分散は、統計学の最も基本的な二つの変数である。平均値は社会の貧困をあらわし、分散は格差をあらわす。貧困と格差は、戦前日本の二大問題であり、かつまた、現代日本でも急速に現出しつつある問題である。

本書ではそれら二つの要因に注目するが、同時に密接に関連するものとして、人口増加と、そして初期（あるいは原始）資本主義という要因に注目する。つまり次頁の図1にあるような、四要素相関図を念頭において研究したい。相互関係をしめす線が計六本あるが、その中で「貧困と人口問題」、そして「格差（階級）と資本主義」をむすぶ関係が、とくに強いとみなされる。人口が大きいから一人の取り分が小さくなる、また、資本主義が資本家と労働者という格差をつくりだす、と考える人が多かったのだ。この界隈はかつて賛否両論がうずまく場であった。これまでのほとんどの戦争原因論は、たかだかこれら二つの組のどちらか一方のみを扱った。しかしそれでは真実をとらえられない。それら二つの相互関連こそが、戦前社会の困難さを醸成したのだと思われる。われわれが捉えたいのは「人口と資本のペアダンス」である。

急いで言っておきたいが、人口増加が問題だといったとき、そんなものはもう過去の問題だという反応をしないでいただきたい。現在、世界的に人口が増加し、とくに経済活動参加人口を考えたとき、中国・インドなどの後発国の工業化によってその人口が増加している。しかもグローバル化によってその人口増加がまともに日本に影響し、日本の取り分が相対的に減っている。つまり人口増加というかつて日本が直面した課題は、今の問題でもあるのだ。

さらに現在、経済の自由化や規制撤廃、成果主義等によって、国内の資本主義が弱肉強食化し、国民間の格差を増大させて、近代初期の原始資本主義に先祖がえりしている。その意味

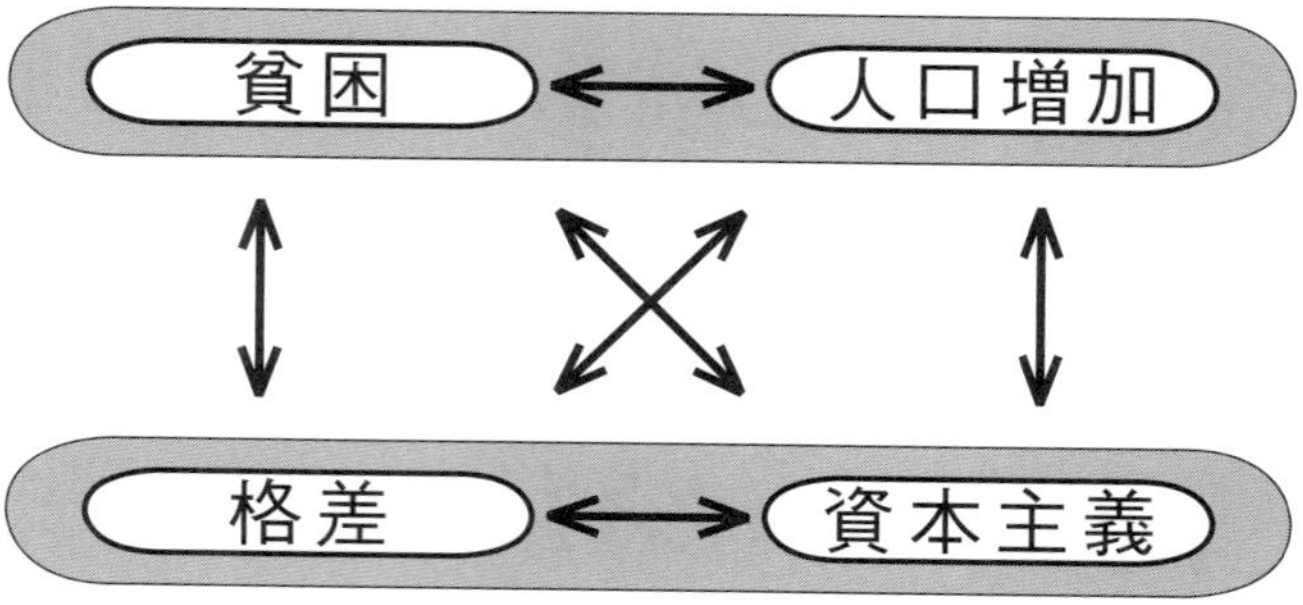

図１　戦前日本の四要素相関図

でも、戦前日本が苦しんだ課題は、現在の日本の課題でもある。戦前日本については、あわせて農村問題をも考察したい。

戦前は生きづらい社会であったが、逆もまた真であろうか。生きづらいのは戦前である、つまり生きづらさを放置する社会はやがて戦争などの騒乱に至るのか。まともな職を得られない社会では、人は変化をもとめて戦争をすら望みはじめるかもしれない。殷鑑《いんかん》遠からず、という。過去は未来をうつす鏡である。

以前は戦争責任論が盛んだったがすでに衰えた。当事者も多くは死んだ。個人レベルの責任論が消えれば原因論が客観的に問いやすくなる。「真理は時の娘」という西洋の諺があるように、かつては見えなかった真実が、時間がたつと見えてくる。いま、終戦からすでに半世紀以上たって、戦前に信奉され、また弾圧された思想・イデオロギーにたいしては、もう執着も反発も消えて、ありのままの姿が見えるようになった。イデオロギーにたいして丸ごと信じるか、丸ごと反発するかという対応は変えたい。過去のイデオロギーには少なくとも、当時の社会を理解するうえでのいくらかの真実が含まれている。理念への正負の熱狂が去った今では、そうした真実性を認めうる余裕があるだろう。ただ、イデオロギーには現在にも通じる中身があるだけに、下手をするとたちまち泥仕合におちいりかねない。その点で読者には、先入観からの自由と、そして寛容をお願いしておきたい。

本書は「日本が戦争を始めた本当の理由」を、国民のメシの問題（生活基盤）のなかに見出す歴史評論である。戦争の原因は食えないほどの貧困だったとみて、さらにその貧困の原因は何であったかを、二点にしぼって諸資料の中に跡付けていく。資料にはなるべく当時リアルタイムの、臨場感のたかいものを用いる。そこに浮かびあがるのは、生きることの困難さである――個人としても社会としても。

本書の構成としては、戦争原因としての貧困（Ⅰ部）、そのさらに原因として人口（Ⅱ部）と階級（Ⅲ部）、その果てに狂気（Ⅳ部）、そして戦後改革（Ⅴ部）、現在と戦前の類似（Ⅵ部）、という順序で述べていきたい。

筆者の私は、理系と文系の境界領域を専攻するが、本書では理系のジェネラリストという立場である。文中、多数の統計数値を使用しており、それがよくもわるくも本書の特色となっている。統計資料としては、『日本帝国統計年鑑』（内閣統計局編纂、一八八二～一九四〇、復刻版あり）、『日本長期統計総覧』（総務省統計局監修・日本統計協会編、一九八七・八八）、『数字でみる日本の１００年』第5版（矢野恒太記念会、二〇〇六）、『食料需要に関する基礎統計』（農林統計協会、一九七六）、満州については『満州貿易年報』（南満州鉄道株式会社）、『満蒙年鑑』（中日文化協会）、『満州年鑑』（満州日日新聞社）、『満州経済年報』（満鉄経済調査会）等、その他多数を参照した。またインターネットで見られる農水省、厚生労働省、国立社会保障・人口問題研究所、財務省、そして国連の統計情報を利用した。それらの統計データは引用につかうとともに、いろいろな著作の中にのべられている統計数字を確認するのに用いた。総じて統計資料の数字の中に、当時の国民の生活がうっすらと、しかし厳粛に、うかびあがってくる。

さらに国立国会図書館の「国会会議録検索システム」によって、戦後の第88回〜第92回（昭和20年9月〜昭和22年3月）の帝国議会会議録を閲覧できるのは、たいへんありがたかった。また、岩波『日本史辞典』をしばしば参照した。

なお、資料を引用するさいには読みやすさのために、適宜、現代表記に変えて句読点をおぎなった。現代語訳はしなかった。数値データの引用は適宜、概数に変えた。単位は現代的なものに換算した。たとえば満州関係ではよく担（ピクル）という単位がつかわれているが、これは人夫ひとりがかついで運べる重さという意味からきていて、約六〇・五キログラムである。〈 〉は資料を引用した箇所である。引用中の……は中略をしめし、／は改行をしめす。〔 〕は引用者（つまり私）による注である。引用文中に若干、現在では使われない用語や表現が含まれるが、歴史的文献なのでご諒解いただきたい。支那とは中国にたいする当時の呼称である。

本稿の価値を認めて出版を決定された社会評論社社長・松田健二氏に感謝したい。編集の段階では同社の板垣誠一郎氏にお世話になった。

第Ⅰ部　戦争の原因は貧困、では貧困の原因は?

1　貧困がファシズムをまねく

極右は失業から出てくる

二〇〇六年九月一七日に、ドイツ北部のドイツ最貧地帯であるメクレンブルク・フォアポンメルン州で地方議会選挙がおこなわれ、極右のドイツ国家民主党（NPD）が躍進して初めて議席を獲得した。朝日新聞によれば〈旧東独の失業率は旧西独の約2倍で、既成政党への怒りと失望が大きい。特にメクレンブルク州の失業率は、8月時点で全国最悪の18%。NPDは「働く場所を奪う外国人排斥を」などと主張〉し、若年失業者らの支持をあつめて一気に六議席を獲得した。それは二大政党による大連立政権への不満と批判でもあり、極右排除をめざしてきたメルケル政権にとって打撃となった。

ここでたいへん興味ぶかいのは、メルケル首相の反応である。彼女は一八日、「極めて残念。

背景にある経済問題の解決を進める」とのべた。極右の伸張は失業に表わされるような貧困のせいである、貧困がなくなれば極右は減る、と見ているのである。そうした、失業と排外国粋主義の結合にたいする認識はむろんメルケル首相にかぎったことではない。その認識をもって戦前の日本をながめたらどんな情景が見えるだろうか。戦前日本でも失業者や潜在的失業者が多く、とくに昭和恐慌期がひどかった。

思想は状況に反応した結果

思想（社会思想）はその時代の状況に反応して生じ、未来の新たな状況をめざすものである。現在の社会状況における悪の原因を特定し、その原因を取り除いた幸せな未来をえがく。何を悪の原因とするかによって思想の違いができてくる。たとえば失業はだれがみても悪であるが、その原因は外国人労働者にあるとしてその排斥をめざすのが極右である。それに対してメルケル首相は別の原因を考えて、その対策をうちだそうとする。

思想は状況にたいして受け身的に反応して生まれ、そこから能動に転じて望ましい未来の状況をつくり出そうとする。思想を弾圧するのは、その思想が何かをしでかすという能動性を警戒してのことであるが、しかし思想のはじめの受動性のほうに着目するならば、温床となっている社会状況を改善すれば思想も変わるだろう、少なくとも思想の蔓延は止められるだろうと期待できる。そういう態度がメルケル首相の対応である。

どんな思想がはやるかをも含めて人間の集合的行動は、社会状況に起因する現象である。行動がおかしいのなら状況がおかしいのだ。悪しき思想にたいしては出口対策より入り口対策こそが本筋である。根本に生活問題がある。生活が成り立つことが第一である。人々がおおむね豊かな（あるいは貧しくない）生活さえしていれば、たとえ一部の者が偏った思想でさわいでも、国民の大勢は堅実な態度を保持するだろう。

ファシズムは貧困から――吉田茂

一九四五（昭和二〇）年九月二〇日といえば日本の降伏から約一ヵ月後のことである。当時は東久邇宮稔彦王内閣。九月一七日にその外務大臣になった吉田茂は、ＧＨＱのマッカーサーを訪れて会談し、マッカーサーがデモクラシーの効用を強調したのに対してこう述べた――

第一次世界大戦後、世界でも日本でもデモクラシーが風靡したが、一九二九年の世界不況で全然逆となって、ドイツのナチ、イタリアのファシズム、ソ連の共産主義となり、日本においては軍国主義が台頭するに至った。〈ナチといいファッショというも、いずれも国貧しきがゆえに起こるものにして、デモクラシーは富める国の産物なり。デモクラシー実現のためにはまず以て国民に食べさせ、国民に職を与え、その生活の安定向上を図ること肝要なり。デモクラシーは一日にして成るものにあらず。〉（江藤淳編集『占領史録』講談社、一九八一より）

食と職がない貧乏国だからファシズムになる、というのだ。これはきわめて重要な認識である。

かつてのファシズムが戦争へと狂奔したありさまは、少なくとも現在のわれわれからみれば一種の狂気であるが、吉田の発言は、国が貧困だから狂気となり戦争となる、という主張になる。こうして狂気という一見精神的な問題は、貧困という経済問題に帰着されることになる。

たしかに国民が総じて裕福ならば、まとまって狂うことはあるまい。集団的狂気の前提条件に貧困があることは確かだろう。食糧や物資が不足したときに、人も動物もその充足をもとめて狂奔する。なぜ狂ったか、なぜ戦争したかという疑問は、なぜ貧しかったかという疑問へとさかのぼる。結果から原因へ、そのまた原因へ、と疑問がさかのぼっていくのだ。こうして戦争原因を知りたいと思う人は、経済問題の探求にさそわれる。「すべては経済なのだ」と一度は言い切ってみたい。この言い方はどこまで真実だろうか。

ファシズムの代表例はムッソリーニ政権下のイタリア、ヒットラー政権下のドイツ、そして戦争前の日本などである。たしかにそれらは貧困な社会だった。とくにドイツは第一次世界大戦に敗北し、途方もない賠償金を課せられて社会が疲弊し、その中からナチが出てきたのだった。日本も後述のように、ひどい貧困があった。貧困からファシズムへという道筋は、そういった例をみればたしかに成り立っている。

しかし、貧困なら必ずファシズムになるのではあるまい。大昔から貧困は珍しくはなく、それらがみなファシズムになったわけではない。貧困からファシズムに行くには、プラスαの条件が必要なのだろう。この疑問を念頭においておきたい。

侵略するために狂う

人間論からいえば、ファシズムとは、国家レベルの集団的暴走にむけての準備段階であって、打って一丸となるためにわずかな異分子をも許さず、火の中・水の中をも恐れぬまでにテンションを高めて、精神が現実からの乖離を深めていくという狂気じみた状況である。この定義はとりわけ戦前のドイツと日本にあてはまる。

暴走する先には他民族がいる。ユダヤ人虐殺をみてもドイツの狂気は日本以上だった。他民族への暴虐がファシズムの一つの特徴である。日本ファシズムにもドイツ・ナチズムにも自民族優越思想があって、その優越思想ゆえに他民族を蹂躙したというふうに見える。では、悪しき思想が悪しき行為の原因だったといってよいだろうか？　いや。貧困からファシズムへ、という道筋が正しいなら、むしろ因果関係は逆だった。他民族を蹂躙する必要があったから蔑視したのだ。他民族への敬意のために暴走を抑えられてはこちらが生きていけない。平常では自民族優越感情があったとしてもゆるやかな程度なのに、それが侵略直前になると狂信的なものに変わる。その狂信の効用とは、他民族を平然と攻撃できることである。

まず侵略への生物的な「必要」があって、それを可能とするために後から狂信がやって来た。その順序だと思われる。狂ったから侵略したのではなく、侵略するために狂った、というのが真相だろう。

これは肉体が訳あって精神を支配している状態である。肉体が精神を乗っ取った状態、それが通常の精神からみると「狂気」と映る。自分の行動を指図する運転席に通常は理性がすわっているのだが、理性が役割を果たせなくなったときに、その理性をもっと下位レベルの動物的中枢が追いだして、運転席を占拠するのである。その動物的中枢の欲するものはただ自己保存。自分が生き物として生き延びること、それだけだ。それは人間に要求される対他的配慮を欠き、状況への合理的認識を欠くがゆえに、狂気とされる。

貧困がひどくて生きているのも死ぬのも変わりがないような状況では、人は死の突撃をすることがある。それが散発的に出ればテロ、集団的に出れば戦争である。

貧困はファシズムの十分条件ではないまでも、必要条件には違いない。ファシズムという狂気を、貧困という物質的な生活条件とむすびつけて理解すること。精神を物質的条件の結果と考えること。そういう発想を、吉田は何から得たのだろうか。それは吉田の儒教的教養からきているのではなかろうか。孟子の「恒産」の思想をみてみたい。

安定した資産が安定した精神をつくる

吉田は一〇歳から一六歳までを湘南藤沢の「耕余義塾」ですごした。この塾は小笠原東陽がひらいた、漢学を中心として諸学をおしえる寄宿制の私立学校であった。

漢学の一つの中心が『孟子』である。孟子は恒産と恒心というたいへん重要な考えをのべる。

恒産（恒の産）とは生活に困らない水準以上の安定した資産で、農地をふくむ。また恒心（恒の心）とは安定した正しい心である。

よほどこころざしの高い人間ならば恒産がなくても恒心があるだろう。しかし普通の人間は、安定した資産がなければ安定した心がない。安定した心がなければどんな悪いことでもしないということはない。罪を犯した後でこれを罰するのは民を無視したやり方であり、それでは立派な政治ができない。だから仁徳をもった統治者はものごとの根本にかえって、人民の財産をコントロールして恒産を持たせるようにし、そのうえで道徳を教える。だから人民は容易にその指導に服することができる。そう孟子は言う。

〈恒産無くして恒心有るものは、ただ士のみ能《よ》くすることを為す。民のごときはすなわち恒産無ければ、因《よ》りて恒心無し。いやしくも恒心無ければ、放辟邪侈、為さざる無し。罪に陥るに及びて、しかる後に、従いてこれを刑するは、これ民を罔《あみ》するなり。いずくんぞ仁人、位に在りて、民を罔して為《おさ》む可けんや。この故に明君は民の産を制するに、必ず仰いでは以て父母に事《つか》うるに足り、俯しては以て妻子を蓄うに足り、楽歳には終身飽き、凶年には死亡を免れしめ、しかる後に駆りて善に之《ゆ》かしむ。故に民のこれに従うや軽し。〉『孟子』巻第一梁恵王章句上の終わり近くにこの文があり、また巻第五滕文公章句上にも類似の句がある。

衣食足って礼節を知る、ともいう。道徳がなりたつための基礎として一定の物質的条件が必要だ、という認識である。貧しい振舞いの背後には貧しい生活があるのだから、そこに着目してまず貧困を改めることが大事だとする。儒教のことを、口先ばかりで現実にうとい道学者ふぜいが、と思っている人には、この孟子の人間観は驚きではなかろうか。吉田は引退後、新聞のインタビューをうけたとき、技術的なことは西洋に学べる、しかし人間に関する知恵は東洋の古典から学ぶことができる、と話した。

恒産の考え方は個人とおなじく国家レベルでも成り立つであろう。国が貧困なため国全体で放辟邪侈をやるのがファシズムである。対策は国を富ますことだ。

経済が本で外交は末

太平洋戦争の原因として、一九三六年の日独防共協定とそれにつづく日独伊三国軍事同盟をあげる人が多い。英米のアングロサクソンとこそ結ぶべきだったのに、独伊という西洋の後発国と結んで英米と敵対してしまった、それが日本の決定的失敗だったのだと言う。

吉田茂はといえば二八歳で外交官となって中国に勤務。駐英大使をつとめ、英米派としてナチスドイツを警戒、戦時中は和平工作をして一度は憲兵隊に拘束された。その吉田が、日本はナチスドイツに付いたのが間違いだったと言うのなら話の流れとして自然である（じっさい彼はそれも言っている）。しかし吉田は、日本は貧困ゆえにファシズムとなった、だからこれからは経済が大事だ、というところに重点をおく。国民の生活が本《もと》であり、外交は末《すえ》だ。喩えていえば、関取のような大男が子供用の自転車に乗ってよろよろ走っていたがとうとう転んでしまった。それは彼のハンドルさばきが悪かったせいだろうか。いや。国民の規模と経済の規模が不釣合いだったせいだ。なにが本でなにが末かを吉田は見誤らない。そこに吉田茂の巨大な思想的骨格があるといわねばならない。

後でみる林達夫は、戦前日本の歴史の証言者となって貴重な資料をのこしたが、ファシズムという問題の原因探求者ではなかったし、解決探求者でもなかった。たほう、吉田は戦前日本の誤りの原因を、貧困であると見極めて、戦後にその解決として経済の振興をめざした。

敗戦日本の講和条約を締結した首相・吉田茂には、懐刀の白洲次郎がいた。二人は吉田が駐英大使だったときに義理の遠縁ということで知り合って以来、肝胆相照らす仲となった。ずんぐりむっくりの吉田茂。対して白洲次郎は吉田より二四歳年下で、十代から英国留学してケンブリッジ大学を卒業、長身でハンサム、まだ四十台と若かった。二人とも誇りたかく学ゆたかで、生きる姿勢に私欲を超越したところがあった。このコンビが敗戦日本で活躍するさまをみれば、「神、いまだ日本を見捨てたまわず」の感がある。

2　人間とは何か、思想とは何か

二階建て人間モデル

これからわれわれは戦前社会の、食糧をはじめとする生活物資の統計データを見たいのだが、そうした物的数値が人間行動に〝変換〟される部分に、人間モデルや社会モデルが関与してくる。そんなわけで、本書の基礎となる人間観・社会観をここで要約しておきたい。われわれは、現実に拘束されつつその拘束から脱け出ようとするものとして人間を見る。いわば二階建て人間モデルである。

まずベースにあるのは生物的人間観である。それはこの物質世界に生身《なまみ》を拘束された人間の身も蓋もない姿である。

①人間＝生物。人間は生物であり動物であり、社会性動物である。生物の目的は、自己（とそのDNA）の生存と繁殖である。動物の脳はその目的にセットされた欲求とその方法論のシステムである。

生存・繁殖には食と安全が必須である。ヒトはそれらを社会というシステムによって実現する。ちなみにユリウス・カエサルのパクス・ロマーナ（ローマの平和）は、市民の食と安全の確保をめざした。それが基本だという意味では今も同じであろう。ヒトの社会はまず食と（いろいろな意味の）安全を提供するものでなければならない。生活が第一である。

②職＝食。人が生きるのに必要な各種の生活資料のなかで、なによりも食糧が第一義的である。人はパンによって生きる。「食は職なり、職は食なり」ということで、職をつうじて間接的に食を得るのであれば、人には職が必要である。収入をともなう社会的役割のことをここでは広く職とよんでいる。「メシを食う」は「職をもつ」と同義だ。失業は飢餓にひとしい。ただし、職といっても、満足に生活をいとなめるほどの収入のある職でなければならない。その点で経済不況はもちろんだが、非正社員という雇用形態のひろがりや、収入の実質目減りとなるインフレなどは要注意である。

③数値主義。食糧は物である。物は数値でとらえられるし、また数値なしには正確にとらえられない。戦前日本では米が主食であった。一人が一年に約一石（一〇〇〇合）の米を食べるのなら、七千万人の国民には一年に約七千万石の米が必要である。この数値は、多少は弾力性があるとしても、そう大きく変えられるものではない。数が大事だ。

なお、ここで精神は二階建てといったが、情動がいわば地下一階で、計三階建てである。その二階と地下一階との間には直通回路があるらしい。このあたりのくわしい議論はおもしろいが他の機会にゆずりたい。

精神の現実遊離性

人が生活物資不足などの困難にあうと、生存本能が本格的に発動し、精神を駆って問題解決にうごきだす。そのときしばしば合理的理性を超えた行動様式があらわれる。その飛躍性こそが他の動物と異なるヒトの特徴だと思われる。

それはじつは普段からあることだ。ヒトの精神はたんなる現実志向のみでは終わらず、広い意味での非合理的な部分がある。パンを超える部分があるのだ。せまい自己利益を多少とも超えた方面を、人はたくさんもっている。遊びがあり、学問や芸術がある。さらに、広義の愛——友愛、連帯、人間愛などさまざまな愛がある。所属をもとめるのは社会性動物だから当然だとしても、自分をどこに所属させるかという問題がある。それらには単なる自己DNAの維持繁殖を超えた要素がふくまれているように見える。

人がもつ夢や計画。それらは未だ世界に存在していない状況を心のうちに描く現実遊離的な能力があるからこそ可能である。司馬遼太郎は『菜の花の沖』で、そのことをこう記した、〈志というものは、現実からわずかばかり宙に浮くだけに、花がそうであるように、香気がある。〉

以下でみる「思想」なるものもまた、精神のこの能力から生みだされる。思想とは脳という問題解決器官から生みだされる問題解決の見取図であり、その意味では生物的対応であるが、思想は問題が解決された架空の幸せな未来像をえがいて、そこにいたる道筋を示すという意味で超現実的である。

しかし時には、そうした精神の現実遊離性が、裏目にでることがある。切羽つまった状況に陥ったとき、精神が現実認識力を喪失してしまい、傍目には無謀とも狂気ともみえる行動に打ってでる。日米開戦の前には、国民心理がそんな狂躁状態にまで昂じていたようだ（本書第Ⅳ部）。そこには、国民生活の窮迫から集団発狂へ、そして暴発へという道筋がある。

思想とは問題解決、問題‐原因特定‐原因除去＝解決

本書でなぜ、思想（といっても社会思想にかぎるが）を考慮するのかというと、戦前社会の〝病〟の原因を追求するのに、当時においてその原因追求をおこなった思想を、参考にしたいからである。理系には問題解決という考え方があるので、それを思想にあてはめたい。「思想とは問題解決である」。こうとらえると、思想、とくにイデオロギーを脱・神秘化できる。

問題とその解決をより詳しくいうと、問題‐原因特定‐原因除去＝解決、の道筋である。はじめに問題の設定がある。これは貧困などの、人々の不幸である。つぎに、その不幸の原因を特定する。たとえば人口過剰、たとえば資本主義。この原因があるからその不幸が生じる、と指弾する。最後に、その原因が除去された幸福な未来像を描いて、その除去のための具体的方法をしめす。たとえば人口抑制、たとえば革命。

問題‐原因特定‐解決というプロセスは、医療における、病気‐診断‐処方箋、というプロセスと類似である。社会問題とはいわば社会の病気なのである。

問題とその解決は、思想の入り口と出口である。思想は現在の状況（入り口）にたいして受動的に反応しつつ、未来の状況（出口）を能動的につくり出そうとする。人はしばしば思想の出口だけを見て、入り口を見ようとしないが、しかし思想はあくまでも、それが出てきた当時の、なんらかの死活的な問題に応えようとしたものである。当時の社会の何に反応して出てきたのか、それにどんな診断をくだしたか。思想はつねにその問題と対《つい》にして捉えねばならない。思想はいわば薬である。頭痛がなければ頭痛薬の意味がない。

じつは問題設定そのものにも人によって賛否がある。社会の貧困が問題だといっても、富裕層にはなんら問題ではないかもしれない。何かが問題だ、いや問題ではない、という対立は、議論では決着がつかない領域であろう。また、入り口（問題）が同じでも、その原因の捉え方のちがいから、出口（対策）がちがってくるのはよくあることだ。

イデオロギーでは、原因への憎悪と、解決への希望がある。憎悪と希望という裏合わせの強い情動をかきたてて人をとりこにする。イデオロギーのこわいところである。

よく事実と価値の区別ということがいわれるが、思想でも、問題とその診断のあたりまではまだしも事実認識の領域である。しかし処方箋ははっきり価値の領域に入る。本書では、思想やイデオロギーの、診断と処方箋を区別して切り離したい。診断のところまでを、当時の時代を知るひとつの資料とみなすのである。そこまでは見るべきものを持ちながらも、処方箋が劣悪、という場合がある。喩えていえば、脳腫瘍があると正しく診断しても、処方箋が脳を切り刻むというのでは適切といえない。その処方箋の劣悪さによってその診断の真実性を捨てず、そしてまた、その診断の真実性によってその処方箋の劣悪さを受け入れない。診断と処方箋を分けることが大事だ。このことは殊にマルクス主義にかんして言える。

過去の思想とどうつき合うか、どう扱うか。過去の思想は無視するには貴重な真実を含んでいる、だが丸ごと信奉するには欠陥がありすぎる。その点に留意しながら二、三の思想を、戦前社会を理解する手がかりとして見ていきたい。ただ、当時にはその時代特有の、現代の常識とは異なる通念があったので、その点にあらかじめ留意しておかねばならない。それを次にみたい。

3　人口・生活物資・土地の比例関係

人口と土地は比例しなければならない

戦前の思想界をみたとき、そこには戦後とは異なる〝常識〟が支配していたことに気付く。ここで記号∝を比例関係の意味だとして、

人口 ∝ 食糧 ∝ 土地（それも自国領土）

という三者の比例関係が、ごく当然のこととして人々の念頭にあった。つまり人口が増えるなら、それに比例した食糧が必要であり、それだけの食糧を得るためにはそれに比例した土地が必要で

ある、という信念が暗黙のうちにあった。

まず大まかにいって、人口と、その人口がたべる食糧とは比例する。もっともこれは食事がぜいたくか否かで違ってくる。肉食はぜいたくだ。肉一キログラムを生産するのに必要な穀物の量は、牛肉では一一キログラム、豚肉で七キロ、鶏肉で四キロ、鶏卵で三キロである。戦前日本は穀物食であった。〈わが国民の食糧は熱量にして九割八分を植物性より取り、動物性食糧はわずかに二分に当たる。そして植物性食糧の半ばは米、一割五分は麦によりて供給しているという。この点は欧州諸国が食糧の三、四割を動物性より摂取せることと大いに趣を異にしているのである。〉（矢内原忠雄『人口問題』）このように質素な穀物食をもっぱら摂っている場合には、それを減らすのはほぼ無理であり、人口とそれが要求する食糧とは比例する。人口が増えるならより多くの食糧が必要となる。

つぎに食糧の量と、それを生産するのに必要な土地の面積とは、大まかにいって比例する。これも魚食では土地は要らないなどの例外があるが、戦前日本人の主食は穀物であった。穀物の生産には土地が要り、しかも生産量に比例するだけの土地面積が必要である。そのことは現在でも変わらない。こうして、人口→食糧→土地、というルートができる。

すこし変わった話をすると、私は中学生のときSF作家ロバート・A・ハインラインの『宇宙船ガリレオ号』を読んだ。印象にのこったのは主人公の少年がとる食事が丸薬二粒という点だった。一粒はエネルギーと栄養をとるため、もう一粒は満腹感をあたえるため、というのである。

そんな丸薬をどう作るかは書いてなかったが、化学的に製造するのだろう。ビタミン剤ならともかく、主食は現代技術でもそこまで行っていない。

もしエネルギーが無尽蔵に使えるのなら、食糧を生産するのにも棚を垂直に何段もかさねて太陽灯をあてて水耕栽培でつくればよく、高層住宅とおなじで土地は少なくてよい。核融合が実用化されれば別だろうが、今までのところ大々的にはそうした可能性はまだなく、作物には太陽の光が必要で、作物量に比例した土地面積が必要である。

ただ現在とちがって当時は、その土地は自国の領土でなければならないと考えられていた。現在では国は産業立国をして、工業製品をつくって他国に売り、その金で食糧を買えばよい。誰もがそう思っている。その現在の常識が、当時は成り立たなかったのだ。なぜか。

工業立国ができるならばしたい、という考え方自体は当時からあった。だが日本はそれができなかった。なぜかというと、工業立国に必要な「資源」が日本にはあまり無いからである。石炭は？　石油は？　鉄鉱は？　日本はどれも乏しい。そこでもまた「資源は自国で生産」できなければならないという前提があった。資源までも通商によって得るという考え方も当時からあったけれど、実際にはできなかった。というのは、日本は技術では後発国で、西洋へのキャッチアップで精一杯。技術立国にまでは至らず、資源を買うぶんだけ高くついて、商品の競争力で西洋諸国にかなわなかったのだ。おまけに当時は保護関税があたりまえで、原料の輸出も制限した。

人口を養えるだけの工業を興したい、そのためには自国の領土内において資源を得たい。この衝動によって、人口→工業→資源→土地、というルートができ、このルートによってもやはり人口と土地需要がむすびつくのである。

もちろん、土地にも作物生産に適した土地とそうでない土地があるし、資源埋蔵量の多い土地と乏しい土地がある。だが、ごく大まかにいって人口と領土との比例関係が信じられていたのだった。当時の言説にはこの考え方が背後に盤踞していたのであり、その点を念頭においておきたい。

再度強調するが、現在ではその土地は自国領土でなくてもよい。すべて自由通商によって入手できる。買うための金があるかぎりは。戦後になって世界経済秩序を形成すべくGATT（国際関税協定、WTOの前身）が一九四八年に発効、自由貿易の拡大と関税の引き下げをめざし、日本は五五年に加盟した。くわえて戦後は、各国の農業・工業の開発水準がいちじるしく向上した。しかし、戦前の世界には現在とは異なる状況や通念があったのだ。

敗戦後一ヵ月目の「海外進出の問題」

ここでそうした通念の一つの例証として、敗戦後一ヵ月たらずの一九四五（昭和二〇）年九月一一日に掲載された、海外からの引揚者を論じた朝日新聞の「天声人語」を引用したい。私はこの資料を柳沢哲哉・埼玉大学経済学部教授による「日本の人口問題：50年前の人口爆発」という論考（ホームページ）に教えられた。

〈天声人語　大東亜の各地域に在住するわが居留民が……永年奮闘の結晶と地盤を失いあるい

は海外雄飛の志挫折して帰る者も多いことであろう。この点心から同情される……これまで、日本の人口問題の上から、頻に海外進出の必要が叫ばれ、戦時中も満州への移民は続けられていた▼狭小なる国土に八千万の人口を養わねばならぬ事態となって、海外進出の問題は、今後の課題として、更に新しい意義と重要さを持って来る……人口問題解決のためにも、世界的日本建設のためにも、今より徹底的反省と再検討を加え、海外雄飛可能となる日を待つ要があろう。〉

ここにははっきりと、大きな人口は小さな領土には納まらない、という考え方がうかがわれる。この文章が書かれたのはもはや戦後なので、政府からの強制はない。これをここで引用するのは、新聞の戦争責任とは無関係であって、ただ当時の通念がそんなふうであったことを確認したいがためである。

4　二つの主題の提示

思想の価値は極端論にある

戦前の貧困にかんして、いったい何が原因だったのか。それを知る一つの方法として北一輝の主著『日本改造法案大綱』を見てみたい（『北一輝思想集成』書肆心水に所収）。これは執筆が一九一九（大正八）年で、刊行はその四年後、昭和の前である。

急いで断っておくと、北一輝（一八八三―一九三七）という人物には胡散臭いところがある。

いわゆる国家社会主義者で財閥に否定的な立場だったはずなのに、三井や十五銀行などから金を受けとっていたこと。霊告と称して、自分や妻・すず子が神がかりになって得た託宣を実業人に売っていたこと、などである。もっとも北は拝金亡者ではなく、その金はさほど彼の行動を歪めはしなかったようだ。周知のように北は二・二六事件の首魁として処刑された。

北一輝という怪人物をもちだすのは、いささかゲテモノ食いの感なきにしもあらずなのだが、偏倚のなかに真理が顕われるといい、また思想の価値は極端論にあるともいうから、ここで北一輝を〝資料として〟取り扱ってみたい。

思想家としての北一輝は、西欧思想を受容しつつも、そこから自らの社会に見合った自らの思想を編み出している。その力のこもった文章に、読者は一個の「昂然たる魂」を感じる。その高らかさは何かといえば、明治維新が触発した自我の解放であり、世界にのりだしていく日本の意気ごみであり、また当時の国内・外の不正義に対するはげしい憤りである。北はあの時代そのものの申し子であり代弁者であった。その文章には時代の臨場感がみなぎっている。その思想方向は特異ではあるが、一定の賛同者をえた。北一輝にはとりあげねばならない理由がある。

なぜ当たったか二つの予言

北一輝『日本改造法案大綱』を通読すれば、彼が当時の日本における、人口問題と階級問題、この二つの問題に真っ向勝負をいどんでいることが分かる。北の思想を国家社会主義とよぶならば、国家主義は人口問題にかかわり、社会主義は階級問題にかかわる。あの時代の日本は、人口と階級という二大社会問題に苦しんでおり、それにたいして北は彼なりに誠実に真正面から取り組んだのだった。

驚くべきことに、北の『日本改造法案大綱』は大いなる〝予言の書〟である。その予言には人口問題からの予言（すなわち戦争）と、階級問題からの予言（すなわち民主化革命）の二要素があった。そして昭和前期の歴史において、アジア太平洋戦争というかたちで人口的予言がまず実現し、その敗戦後に、米占領軍による財閥解体と農地改革というかたちで階級破壊的予言が実現した。

北自身はその順序として、階級打破から人口解決へ、つまりまず日本国内の社会改造をしてからそののち領土を求めて戦争へ、という順序で起きることを願っていたけれど、じっさいには逆の順序となった。しかし戦争と革命という二大予言がともかくも結果的に実現されたわけで、確かにこれは恐ろしいほどの予言の書である。この二つを的中させた人がほかにいただろうか。もちろんどちらか一方だけを言うものはあって、とくに左翼系の言論は階級の打破（つまり革命）を言うのだが、人口的要素は一顧だにしない。しかしそれでは車輪の片一方が欠けているのである。

なぜ北の書にそれほど的確な予言ができたかといえば、この書がその当時の死活的問題を見定め、それを解決するのに必要な体制や行動を構想したからである。社会はどうしても自らの問題を解決する方向にむかうから、結果的にその構想が予言となるのだ。それぞれの時代において社会の最重要問題を見きわめて格闘すること、それが思想家の条件である。北は思想家と呼ぶにあたいする。その解決方法がまちがっていたとしても、である。

ちなみに高橋和巳「順逆不二の論理――北一輝」では冒頭で、『論語』の「寡《すくな》きを患《うれ》えずして、均《ひと》しからざるを患う」ということばを引いて「寡き」と「均し」を対比させ、北一輝理解のいとぐちとしている（『高橋和巳作品集7』河出書房新社）。物資がトータルに少ないことを憂える。また、国民の間に所得格差があって等しくないことを憂える。この二つの憂えのどちらを優先するかが一つの問題だ。社会は貧困に抗し、格差に抗して生きていかねばならない。

ではまず『日本改造法案大綱』における人口問題の議論をみたい。

5　大人口は大領土を要求する

百年後に二億四、五千万人を養う大領土

北は人口についてこう書く、〈わが日本また五十年間に二倍せし人口増加率により て百年後少くも二億四、五千万人を養うべき大領土を余儀なくせらる。〉

国立社会保障・人口問題研究所の「人口統計資料集」によって、日本の人口増加をみてみると、正式統計のはじまった一八七二（明治五）年の日本の人口が三四八〇万人で、約五〇年後の

一九二〇年の人口が五五九六万人であった（一・六倍）。北の著書執筆が一九一九（大正八）年。北は人口が五〇年間に二倍になったと言うが、概算としては正しい範囲か。一九二〇年における年平均人口増加率は一・二三%。これは五七年間で二倍になる数字である。ざっと五〇年で二倍といって正しい。

この趨勢をそのまま将来に延長するならば、一〇〇年では倍々で四倍となる。百年後、つまり二〇二〇年頃には、五六〇〇万人の四倍として二億二四〇〇万人となる。北は二億四、五千万人と言う。北はまさに、人口の幾何級数的（ネズミ算式）の増加を想定している。この人口を養うには「大領土」を持たざるを得ない、と北は言うのである。

この考え方の妥当性はどうだろうか。その時点で産児制限はまだちゃんと視界に入っていない。人口を意思的・能動的にコントロールしようという発想がないため、人口増加については完全に受動的にうけいれるのみだ。人口増加は未来必然の運命であり、われわれはただそれに備えて準備しなければならない、その準備として「大領土」が必要だ、と北は言う。なぜなら人口が生きるためには生活資料が必要で、それを得るには土地が要るから。ここでは人口と土地の比例関係が想定されている。原料や商品市場を、通商によって獲得するという発想はない。

北はその大領土を、どこで、どんな手段によって獲得するというのだろうか。この点について北一輝『日本改造法案大綱』は、現在のわれわれからみれば目の玉がとび出るようなことを言う。

人口増加から土地獲得戦争へ

北の著書から、大領土の獲得についての発言をみる。そこにはまさに将来の戦争が描かれている。日米開戦の一八年前に、である。それはいわば人口戦争である。

〈わが日本においては国民生活の基礎たる土地の国際的分配において将来大領土を取得せざるべからざる運命にあり。〉〈将来、台湾の幾十倍なる大領土を南北満州および極東シベリアに取得すべき運命〉〈日本は最も近き将来において極東シベリア・豪州等をその主権下に置く〉

日本の増大する人口を養うに足る大領土。その地球上の候補地は、南北満州および極東シベリア、そして何よりも豪州（オーストラリア）である。中国はすでに人で一杯なのだからそんな場所に固執しても意味がない。〈山東苦力《クーリー》として輸出せざるべからざるほどに人口漲溢せる支那の貧弱なる一角に没頭するよりも、支那そのものより広大にして豊饒なる英国の豪州を併合せよ。日本にとりて支那はただ分割されざれば足る。四千年住み古したる支那を富源なるかの如く垂涎する小胆国民にして、如何ぞ世界的大帝国を築くを得べき。〉と北は言う。

豪州は英領、ほかもすでに他国の領土となっている土地だ。それを日本がどうやって手に入れるのか。戦争によってである。〈国家はまた国家自身の発達の結果、他に不法の大領土を独占して人類共存の天道を無視する者に対して戦争を開始するの権利を有す。（すなわち当面の現実問題として豪州または極東シベリアを取得せんがためにその領有者に向って開戦する如きは国家の

権利なり)。〉〈土地の国際的分配の公正のために特に日本の享有せる領土拡張の生活権利〉

大領土を領有している国は「不法」にそうしているのである。「土地の国際的分配」は「公正」でなければならない。だから日本には領土を拡張する権利がある。もし相手国が「人類共存の天道」を無視して日本の領土拡張を妨げるなら、日本は戦争を開始する権利をもつ、と言う。

なぜ相手国の領有が不法で、日本には領土拡張の権利があると言えるのか。それについて北の説明はないが、人口密度や、必要度の違いをみているのだろう。それら候補地は人口密度や利用度が小さい。だからその領有者にとっての必要度は小さい。日本のそれら地域への必要度はずっと大きい。資源は必要度に応じて分配されるべきだ。それが共存の原理である。だから公正にみて、日本には権利がある、というのであろう。それなのに英国はただ先取権によって占有を正当化する。

北のいう戦争は人口戦争である。つまり人口増加に起因する、領土の争奪戦争である。それにしても開戦の権利とは……。戦前は、戦争への閾値が現在の日本よりずっと低かったのだろうか。当時はまだ幕末維新の戊辰戦争から半世紀、日清・日露の激戦をへて、第一次大戦では日本は火事場泥棒をはたらき、戦争への違和感が今より小さく、それらがみな成功裡におわったことで忌避感も少なかったのか。しかし昂然と大戦争を主張するのは、現在のわれわれからみれば狂気と映る。

こんなふうに北一輝は「人口と戦争の結合」を臆することなくたかだかと掲げた。人口増加をもとに領土獲得戦争を正当化したのだ。北のその狂気は、昭和一〇年代の日本の狂気を先取りしている。北が昂然と掲げた戦争にむかって、いささか及び腰にのめり込んでいったのが昭和前期の日本であったといえる。

階級問題よりも人口問題が優先

北の思想にある人口的要素と階級的要素、その両者の優先関係はどうか。これについては、北ははっきり意識して人口のほうを優先している。日本は〈百年後少くも二億四、五千万人を養うべき大領土を余儀なくせらる。……この余儀なき明日を憂い、かの悽惨たる隣邦〔中国のこと〕を悲しむ者、如何ぞ直訳社会主義者流の巾幗《きんかく》的平和論に安んずるを得べき。階級闘争による社会進化はあえてこれを否まず。しかも人類歴史ありて以来の民族競争・国家競争に眼を蔽《おお》いて何のいわゆる科学的ぞ。〉〈国内における無産階級の闘争を認容しつつ独り国際的無産者の戦争を侵略主義なり軍国主義なりと考うる欧米社会主義者は根本思想の自己矛盾なり。〉〈合理化せられたる民主社会主義そのものの名においても日本は豪州と極東シベリアとを要求す。如何なる豊作を以てすとも日本は数年の後において食うべき土地を有せず。国内の分配よりも国際間の分配を決せざれば日本の社会問題は永遠無窮に解決されざるなり。〉

これをみれば北が、人口的要因を階級的要因よりも優先視していることは明らかだ。農地が人口に比して絶対的に足りないから、である。

北は第一次大戦終了の時点ですでに第二次大戦を見ている。〈将来一大戦争を覚悟するならば特に非常時に安泰なるべき改造を要す。〉〈インド独立問題は来たるべき第二世界大戦の「サラエヴォ」なりと覚悟すべし。〉〈国際的無産者たる日本が力の組織的結合たる陸海軍を充実し、更に戦争開始に訴えて国際的画定線の不正義をただすこともまた無条件に是認せらるべし。〉こんなふうに、来たるべき第二次世界大戦を要望し予想しつつ、その軍事的な準備をうながしているのだ。

戦争をたたかって勝利するために、日本は国家改造を遂行して強国となり、道義的にも優位に立たなければならない、と北は説く。戦争するための階級打破である。その戦争に勝ったあとの日本の将来像はといえば、〈豪州にインド人種・支那民族を迎え、極東シベリアに支那・朝鮮民族を迎えて先住の白人種とを統一し、以て東西文明の融合を支配し得る者、地球上ただ一の大日本帝国あるのみ。〉〈改造せられたる合理的国家、革命的大帝国が国際的正義を叫ぶとき、これに対抗し得べき一学説なし。〉〈大日本帝国の世界的使命を全うする〉〈将来大ローマ帝国を築かんとする日本〉〈日本海を庭池として南北満州と極東シベリアとに革命大帝国を建つる〉

近代の国家興隆期には民族主義が高揚する。その結果、こうした誇大国家幻想が現われる傾向があるようだ。それは日本だけにかぎるまい。ひとつ留意したいのは、たとえば大川周明がとなえた(大)アジア主義や大東亜共栄圏論の考えは、既存の国々の間に日本中心の新秩序を作ろうとするのに対して、北の未来像は新天地をめざすという点である。どちらも日本人がいかにして食うかという問題にとりくんでいるけれど、その違いがある。北には他民族にたいする平等感覚があったように思われる。のちに北は二・二六で刑死し、大川はA級戦犯となった（精神病により裁判免除）。国家との関係の差がうかがわれる。

以上、北の人口問題の議論に注目したが、つぎはその階級問題の議論に注目したい。つまり社会主義の面である。

6　階級打破と個人の確立

思想の危険と魅力と

北一輝の、国内改革の青写真をみてみたい。彼は当時の社会における階級の存在と、富の偏在をきびしく弾劾し、ひるがえって平等公正な社会を提示した。

北は日本では稀なオリジナリティのたかい思想家であった。あるいは少なくとも、内外の思想を取捨選択するに際して誇りたかい自我の確立があった。その思想は、独創的思想にありがちな危険と魅力をふたつながらに持っている。その公然たる戦争主張は危険だが、たほう、その社会主義の面は魅力がないとはいえない。その魅力をみなければ北の思想が若い人の心をとらえた理由を理解できない。

北の思想の各部にたいして、われわれはつねに当時の日本社会の現実を裏合わせにしてとらえたい。北が何らかの社会改造を提案するとき、その言葉の背後には、当時の社会の悪がある。じっさい北の『日本改造法案大綱』は構成上でも、各法案をのべたすぐあとに、その注釈として、その法案を要請すべき原因となった悪しき現実を書いてある。現実が病で法案が薬、という関係である。思想とはいわば病気治療にほかならない。

社会への弾劾

まず北の、当時の日本社会にたいする弾劾から見ていきたい。彼は緒言で、大局をネガティブにのべる、〈今や大日本帝国は内憂外患並び到らんとする有史未曽有の国難に臨めり。国民の大多数は生活の不安に襲われて一に欧州諸国破壊の跡を学ばんとし、政権・軍権・財権を私せる者はただ龍袖〔天皇〕に陰れて惶々《こうこう》その不義を維持せんとす。〉

次には天皇制の前近代的なあり方を批判する、〈現代の宮中は中世的弊習を復活したる上に欧州の皇室に残存せる別個のそれらを加えて、実に国祖建国の精神たる平等の国民の上の総司令者を遠ざかること甚し。〉〈枢密院諸氏の頑迷と専恣とは革命前の露国宮廷と大差なし。天皇を累するものはすべてこの徒なり。〉

大資本家と大地主の利得は、制度の誤りである。また労働者の自由契約は全然自由でない、と言う。〈現時の大資本家・大地主等の富はその実、社会共同の進歩と共同の生産による富が悪制度のため彼ら少数者に停滞し蓄積せられたるものに係わる〉〈現今においては資本制度の圧迫に

よりて、労働者は自由契約の名の下に全然自由を拘束せられたる賃銀契約をなしつつあり。〉

資本主義はその労資への利益配分において劣悪だと批判する。〈企業家は企業的能力を提供し労働者は知能的・力役的能力を提供す。労働者の月給または日給は企業家の年俸と等しく、作業中の生活費のみ。一方の提供者には生活費のみを与えてその提供のために生れたる利益を与えず、他方の提供者のみ生活費の外にすべての利益を専有すべしとは、その不合理にして無知なることほとんど下等動物の社会組織といぅの外なし。〉

財閥と政治家が結託して甘い汁をすする状況を批判する。日露戦争後の満州では、〈国民の屍山血河によりて獲得したる鉱山（例えば撫順炭鉱のごとき）を少数者に壟断しつつある現時の状態は、実に最悪なる政治といぅの外なし。〉〈台湾における糖業及び森林に対する富豪等の罪悪が、国家の不仁不義に帰せらるるごとき〉

貧富の差によって教育が不平等となる状況を批判する。〈現今の中学程度における月謝と教科書とは一般国民に対する門戸閉鎖なり。〉〈彼らのほとんどすべては今の大学教育なる高等職業紹介所に入ることを以て一種の特権階級のごとく考え、……〉

官吏は国民のために働かない。官庁と〈大富豪との結托は既に脱税等に見るごとく事々国家を欺きて止まざればなり。〉

弾劾のネガから理想のポジへ

北は現状を以上のように弾劾して、それを裏返すかたちで社会設計をえがく。現実のネガを裏返せば理想のポジができる。階級社会が弊害をきたしている以上、その改革の基本は「階級の打破」である。

国家制度として、階級制の反映である華族制や貴族院の廃止をうたう。〈華族制を廃止し、天皇と国民とを阻隔し来たれる藩屏を撤去して明治維新の精神を明らかにす。貴族院を廃止して審議院を置き衆議院の決議を審議せしむ。〉

私有財産にかんして彼は三大原則を言う。すなわち、金持ちに対しては私有財産の限度、地主に対しては私有地の限度、会社・企業に対しては私人生産業の限度を言う。北はこの提言によって、戦後の財閥解体と農地解放を先取りしたといえる。もっと詳しくみてみる。

天皇はその財産を放出すべきである。〈天皇は自ら範を示して皇室所有の土地・山林・株券等を国家に下付す。皇室費を年約三千万円とし、国庫より支出せしむ。〉〔この箇所は出版当時は伏字だった〕

私有財産の限度を設ける。〈日本国民一家の所有し得べき財産限度を一百万円とす。〉一百万円は今のカネでどのくらいか。豊田穣は五〇億円と概算している（『革命家・北一輝』講談社、一九九一）。意外に大きな金額だ。私有財産限度とは、現在でいえば高額所得者にたいする強い累進課税にあたるだろうか。

私有地の限度をもうける、〈日本国民一家の所有し得べき私有地限度は時価十万円とす。〉また、私人生産業の限度をもうける。〈私人生産業の限度を資本一千万円とす。〉〈私人生産業限度を超過せる生産業はすべてこれを国家に集中し国家の統一的経営となす。賠償金は三分利付公債を以て交付す。〉そして私人生産業限度以上を徴収した財でもって国家は、銀行省、航海省、鉱業省、農業省、工業省、商業省、鉄道省をつくれ、と提言する。

その思想的根拠として北は、資本は社会の生産物なのだから国家に返せ、と言う。〈大資本が社会的生産の蓄積なりということは社会主義の原理にして明白なること説明を要せず。しからば社会すなわち国家が自己の蓄積せるものを自己に収得し得るはまた論なし。〉

大資本を私人が所有するのがよいのか、それとも国家が所有するほうがよいのか。これはいまだに最終結論がでていない問題だが、北は、まとまった大資本は国家が所有すべきだと言う。

社会主義を批判する

北が社会主義をとるのは、下層階級の窮状と、上層階級の専横をにくむからである。が、北は社会主義から学びつつもそれに盲従しない。なぜなら、個人の自由や人権を重んじるからだ。そこには明確に「個人の自由」の主張がある。彼が自由主義の立場から、社会主義を批判するさまを見ておきたい。

個人の自由は私有財産に立脚する。ただし私有財産が多すぎるときだけ、他の人々を損なうので制限する。〈個人の自由なる活動または享楽は、これをその私有財産に求めざるべからず。貧富を無視したる画一的平等を考うることは誠に社会万能説に出発するもの〉〈人は物質的享楽または物質的活動そのものにつきて画一的なる能わざればなり。自由の物質的基本を保証す。〉〈民主的個人を以て組織されざる社会は奴隷的社会万能の中世時代なり。そして民主的個人の人格的基礎はすなわちその私有財産なり。私有財産を尊重せざる社会主義は、如何なる議論を長論大著に構成するにせよ、要するに原始的共産時代の回顧のみ。〉〈数百万・数千万・数億万の富に何ら立法的制限なきは国家の物質的統制を現代見るごとき無政府状態に放任するもの。〉

北が大地主をにくみつつも、小作制を全廃せよとは言わない点にもおどろく。杓子定規な原則の強制をきらうのである。〈時価十万円として小地主と小作人との存立を認むる点は、一切の地主を廃止せんと主張する社会主義的思想と根拠を異にす。〉ちなみに戦後、ＧＨＱの指令でおこなった農地改革においても、小作制の全廃はしなかった。

私有地の限度超過分や私人生産業の限度超過分を、国家が徴収するにさいして一定限度内で「補償」せよというのも、北の社会主義が過激さを免れている点である。個人の権利である所有権にたいして配慮している。この点は戦後の農地改革と同じだ。

北の「人権と個人の自由」擁護

北は人権と個人の自由を主張する。これこそが社会の目的なのであり、それの限度をもうけるのはたんに、限度を超えることによって他の国民が不自由するからである。全般的に、北の思想には「自由なる個人」への欲求がみなぎっている。その社会主義は、自由主義を達成するための方法論にすぎない。だからこそ、社会主義の行き過ぎを自由主義が制約する。

〈国民平等の人権〉〈国民自由の恢復／従来国民の自由を拘束して憲法の精神を毀損せる諸法律を廃止す。〉〈神聖なる人権〉〈この日本改造法案を一貫する原理は、国民の財産所有権を否定するものにあらずして、全国民にその所有権を保障し享楽せしめんとするにあり。〉

労働者の権利にはつねに留意する、〈内閣に労働省を設け、国家生産および個人生産に雇傭さるる一切労働者の権利を保護するを任務とす。〉

〈巻五　労働者の権利〉にはつぎのように言うが、これらの要請は現在の日本でも実現されていない。〈人生は労働のみによりて生くるものにあらず。〉〈労働時間／労働時間は一律に八時間制とし日曜祭日を休業して賃銀を支払うべし。〉〈私人生産に雇傭せらるる労働者はその純益の二分の一を配当せらるべし。〉

さらに〈巻六　国民の生活権利〉にはこう言う、〈国民人権の擁護／日本国民は平等自由の国民たる人権を保障せらる。〉〈国民は平等なると共に自由なり。自由とはすなわち差別の義なり。国民が平等に国家的保障を得ることは、ますます国民の自由を伸張してその差別的能力を発揮せしむるものなり。〉ここにいう差別は、差異とか相違の意味。平等が悪平等となり、人間がみな均一に画一化されてしまうことを憎んでいる。

北にとって、人権と自由こそが社会の根本である。万人の自由主義をみたすための方法として社会主義がある。内外の危機からして社会変革が必要だから、階級を打倒すべく社会主義をもってくるが、その教条的適用を自由主義がふせいでいる。このあたりの北の思想展開は、若い人の心をとらえる魅力をもったであろう。

その受け入れがたい点

北の思想には現在の観点からみて受け入れがたい点が多々ある。それら欠点には一九二三年という時代的制約から来るものも混じっている。国民主権と言わず、神格天皇制をとなえたこと。その戦争志向。徴兵制。男子については普通選挙を主張したけれども〈女子は参政権を有せず〉としたこと、ただし北に女性蔑視はない。北に他民族蔑視はないけれども国防の観点から日韓併合を正当化したこと。ただし、次のようにのべて日本の中国侵略を非難した、〈今次の〔第一次〕大戦中において日本はドイツの青島を領有して支那に還付せざらんことを企つるとともに、ドイツの投資を継承しさらに北支那に投資的侵略を学びたること、ことごとくドイツの跡を追うものならざるはなし。天道は甲国〔ドイツ〕の罪悪を罰して乙国〔日本〕の同一なるそれを助くるものにあらず。〉

けっきょく北は人口と階級という当時の社会の課題をとらえて、人口の解決には戦争を、階級の解決には革命を提起した。人口と階級のどちらが究極の問題かといえば人口だった。食糧が総量不足ではどうにもならないからだ。だからといって階級という、不幸のもう一つの原因を無視することはなかった。彼の問題把握は的確であったが、ただその解決方法は適切さを欠いていた。今からみればそう思われる。

ここで貧困の原因として人口と階級をそれぞれ問題視した二つの思想をふりかえっておきたい。二つとも戦前に、すくなくとも知識層にはよく知られたものだった。

7 人口過剰と階級格差の複合魔

社会悪が思想の餌

思想はたとえていうならば、貧困などの社会悪を〝餌〟として食らう捕食動物である。うまく社会悪という害獣をやっつけることができるなら思想は益獣であり、人々はこれを珍重する。後世からみるとそんな捕食獣の存在ばかりが目にみえて、その時代にどんな餌（つまり社会悪）があったかは見落とされがちとなる。狡兎死して走狗煮らる、という諺のように、社会悪が少なくなればそれを餌としていた思想も用無しとなる。しかし過去の思想の存在理由は、過去の社会状況のなかで捉えねばならない。

ところで、戦前の日本はほんとうに貧困だったのか。これは議論の一つの要点である。結論からいえば戦前の日本には重度の貧困があった。

私は実感をもって貧困を語ることができる。私の子供時代は戦後まもなくのころ、場所は現・四国中央市の山寄りの村である。戸数は四、五十軒で、ほとんどが農家。一家の農地（田）は五、六反からせいぜい七、八反。一町歩をこえるのは珍しかった。そもそも四国はほとんどが山地で、極言すれば平野は海岸沿いに少しあるだけなので、持ち農地が少ないのも当然だった。十分食べられるほどの収穫はなく、現金収入はごく少ない。私も飢えぎみだった。極貧の家も数軒あった。敗戦後だからそうだというより、その貧困は戦前から続いていたものだった。

戦前、貧困という社会悪を餌とする捕食獣が二頭いて、それらは餌を奪いあうライバル同士だった。その名をマルサスとマルクスという。マルサスは人口増加が貧困をもたらすと言い、マルクスは資本主義が貧困をもたらすと言った。年代をいうと、マルサスの『人口論』初版が出たのが一七九八年。マルクスの『共産党宣言』が出たのが一八四八年、マルサスのちょうど半世紀後である。

マルサスの魔、という言い方がふつうにされている。本書では「魔」ということばを、増大しつつある悪しき社会的要因、という意味でつかいたい。

子だくさんだから貧乏か、階級差があるから貧乏か

マルサスは、ゴドウィンの社会主義思想への反対論としてその『人口論』を著した。出発時か

ら二系統は互いに対立的であった。マルサスは、人口が食糧に制約されるという。もし制約がなければ人口は初期のアメリカのように二五年で倍増、幾何級数（複利計算）的に殖えるのに対して、食糧生産はせいぜい算術級数（単利計算）的に増えるにすぎない。そのギャップから、人口増大を妨げるための自然的現象や人為的工夫が生じるとする。

人口には二つの制限、すなわち予防的制限と積極的制限がある。前者は子供を生むことの制限、後者は生まれた者を死なせる制限である。予防的な制限とは〈家族をもつと想定したばあいに、削減しなければならない費用およびみずから放棄しなければならない想像上の快楽を考えて、結婚をひかえる〉ことである（『世界の名著』中央公論新社）。積極的な制限としては戦争・疫病・飢餓などの悲惨な不幸がある。

労働者の貧困は、収入を超えて子供を生むから生じるのであって、平等主義的な施策はかえって、子供を生むことの自己責任をなくすから、やめるべきだとマルサスは言う。労働者の貧困問題には、子供数を収入とつりあわせる解決法をとるべきだ。

マルサスの一つの功績は、人間にたいする生物的な観点を導入したことである。食べることと子供を生むこと。食欲と性欲。農業と人口。これらの要因は前近代社会におけると同様、近代社会でも根底にあって働いている。マルサスはいわば不愉快な真実をまな板にのせた。悲観的で憂鬱な、それでいて無視できない真実。それは無限の希望や底抜けの理想を、冷厳に否定し去るのである。この思想は既存の体制への社会主義的な批判に対する、現実主義的な反論という面をもっていた。恵まれた豊かな環境にそだった人物の、学理的着想がマルサス思想の始まりであった。

他方、マルクスは、イギリスなど先進資本主義国における労働者の悲惨な境遇、という問題から出発した。彼はその原因を、社会の「階級」に求めた。資本家と労働者という階級の存在こそが悪の源である。階級は不平等や格差、さらに差別にもつながる。貧困は、資本家が生産手段を私有するところから生じる、だから生産手段の私有をやめさせればよい。それがマルクスの処方箋であった。どうやって? 革命によってである。

人口を縦割りにみる、横割りにみる

一般に人口論では、まず各国の総人口を見る。国内人口の構造としては、性別や年齢別の人口、出生数と死亡数、既婚未婚の別、子供数、労働力状態（就業と失業）別人口などに関心をもつ。人口論では、一国の中の富裕層と貧困層の人口、といった社会的・経済的な変数にはさほど関心をよせない。それは自分らの守備範囲でないというのだろう。マルサス的人口論であれば次に、人口を支える食糧生産高や、農地の面積に関心をもつ。そして食糧を買うのに必要な産業や、労働者の賃金に目をむけるだろう。

それに対してマルクス思想では、国別よりも階級別のほうにずっと関心がある。人間はどの国の一員かよりも、資本家階級に属するのか、それとも労働者階級に属するのかのほうが重要である。その所属の違いを無視した人口レベルでの政策は、階級問題をおおいかくす欺瞞でしかない。

社会の第一義の「切れ目」をどこにおくか。国家間ないし民族間か、それとも階級間か。縦割りか横割りか。端的にいえば主たる憎悪の対象を何にとるか。他国や他民族か、それとも金持ち階級か。そこにマルサスとマルクスの違いがある。

闘争なるもののイメージについていえば、マルサス的な闘争はおもに、国家間や民族間で生活資料を奪い合ってどちらが生き残るかという生物的な争いである。対してマルクス的な闘争とは階級間での、賃金やひいては体制をめぐる血みどろの権力闘争である。これは国同士でなく、国内部における革命や粛清といった闘いである。

ただし、マルサス要因（人口）による内乱や革命もある。他方にマルクス、というよりレーニン的要因（資本）による国家間戦争がある。国同士の戦争の原因を訊けば、マルサス派は、人口が生活資料を上回るから物資をもとめて対外侵略をひきおこす、として人口の影響を強調する。対してマルクス系のレーニンは、資本家が労働者を搾取するから余剰資本が生じ、その余剰資本が利潤をもとめて対外侵略する、として資本のダイナミズムをみる。そのように侵略の原因についても、二頭の〝捕食獣〟は相争うのである。

さきの日本がしかけたアジア太平洋戦争は、はたして人口戦争だったのか、それとも資本戦争だったのか。もし両面をもつとすれば各々の比率は何割か。そんな疑問が出てくる。

貧困の原因にたいする捉え方がちがうから、その解決行動もちがってくる。マルサスからすれば、社会保障は無責任に子供を生むことにつながるので悪い、各人は自己責任で生活設計をして、子供数を決めなければならない。いっぽうマルクス陣営からすると、階級が悪であるから階級をなくさねばならない、階級的矛盾から目をそむけさせるマルサス思想は許しがたい、とする。本書が先ほど両者を、貧困という同じ社会悪を餌とするライバル同士にたとえたのも、うなずいてもらえるだろう。政策的にも両者は、社会が現状のままではどうにも立ち行かなくなったときに、戦争をして対外的に解決するのか、革命をおこして国内的に解決するのか、という対立となりうる。そう言ったのでは語弊があるかもしれないが。

二つの観点から探求する

以下の第Ⅱ部・第Ⅲ部で、戦前日本の貧困をそれら二つの観点から探求していきたい。戦前の日本を二頭の魔獣が徘徊していた、人口魔と階級魔である——これを作業仮説としたい。強調したいのは、本書はけっして、両者のどちらが正しいのか、というふうには問題を立てないことである。それどころか、われわれはそれら二つの要因の同時発生や、さらには両者の連動・連携に注目する。マルサス学派とマルクス学派の〝党派的対立〟に巻きこまれてか、これまではそういう複合的観点が乏しかったように思われる。貧困はいわば症候群であって異なる原因がありうるが、じっさいには複数原因が重なり合って生じている可能性がたかい。人口魔と階級魔の〝ペアダンス〟の中に真実がありそうだ。

生活資料の分配という点からいうと、マルサス要因は国民一人当たりの「平均値」にかかわり、マルクス要因は国民間の「分散」にかかわる（まえがき参照）。平均値と分散が統計学の二つの基本変数であることをおもえば、両者を二者択一とみる必要はなく、相互補完的なものとみるのが正しい。両者ともに、社会を理解するのに必要な指標である。

つぎの第Ⅱ部では、まず「戦前日本は人口問題的世界であった」との見方を検討したい。これは貧困の人口原因説、ひいては、侵略や戦争の人口原因説である。人間は究極で「食べる」ことさえできれば何とかなる、あるいは職があってその収入で食糧を買えれば最低限の生活ができる。それができないから問題なのだ。戦前の日本は人口を増加させていったが、それに見合う食糧を調達できたのか、それともできなかったのか。戦前日本の食糧史を、資料でしらべたい。それは日本の植民地について語ることにもなる。

第II部　人口増加からきた窮乏

1　近代西洋の膨張と日本の人口急増

人口増加による膨張という仮説

戦前の日本は周辺地域へ膨脹・侵略していった。一八九五年、日清戦争後に締結された下関条約により日本は台湾を領有。日清・日露戦争後の一九一〇年には韓国を併合。一九三一年、満州事変、一九三二年、満州国建国、一九三七年、日中戦争開始。そして一九四〇年、仏印進駐、一九四一年、太平洋戦争初期の東南アジア攻略。日本の侵出を地図上に赤色でしめすなら、赤いペンキの入ったバケツをひっくりかえしたかのような広がり方である。

日本の対外侵攻、その根本原因は何だったのか。最初の仮説は人口である。「根本原因は、明治以後の近代化によって人口が増大しはじめ、それが当時における生存条件（具体的には国内で利用可能な食糧）を超過したために、人口過剰となって外へと膨張したのである」。この仮説の真否を検討していきたい。

近代化は人口増加のスタート

近代日本は意図せずして〝近代化の落とし穴〟に落ちてしまった。落とし穴とは人口増加である。この危険に対するなんの用意もなしに近代化にとびついた。近代化が人口魔の戒めを解く、ということを知らなかったのだ。

近代西洋ではいろいろな革命がおきたが、人口革命もその一つである。大まかにいって前近代の多産多死だった時代から、農産物増産や医学・医薬と公衆衛生の進歩によって死亡率が低下し、出生率がそのままだったので人口が増大しはじめた。やがて出生率が下がるまでを人口革命と呼ぶ。

一五世紀に大航海時代がはじまり、一六世紀の宗教革命は古い束縛からの自由と新たな争いとをひきおこし、一七世紀の科学革命、一八世紀のいわゆる産業革命、市民革命とつづいた諸革命は、解放された人間的エネルギーと技術と武器とそして社会的な組織力をもたらした。増加した人口、そのエネルギーと内的反発力、くわえて外へ飛びだしていくのに必要な技術と武器。こうして西洋近代では、外に向かって膨脹するあらゆる条件が出そろった。

かくて近代西洋人の拡大・膨脹が始まった。それは近代化の先駆者利益だともいえる。膨脹の方向はヨーロッパを起点として西、南および東。主要なのは西である。西進はそれ自体として一つの巨大なエネルギーであり、殖えて広がり、そこで殖えてまた広がった。具体的にはアメリカ

年	1750年	1800年	1850年	1900年	1950年	2000年
ヨーロッパ（ソ連を除く）	1億2500万	1億5200万	2億800万	2億9600万	3億9200万	5億2700万
北・中・南アメリカ	1800万	3100万	6400万	1億5600万	3億2800万	9億9200万

の勃興があった。プレートテクトニクス理論になぞらえていえば、それは一つの西漸する巨大プレートであり、その移動は短期間には目に見えないが、長期的には壮大な運動エネルギーであった。アメリカの西進に関連して、太平洋や中国大陸にたいするアメリカの意欲について、クレマンソー仏・元首相が一九二〇年代に仏留学中の東久邇宮に忠告したことを、留意しておいてよい（東久邇稔彦『やんちゃ孤独』読売文庫、一九五五）。

ここでヨーロッパと、北および中南米の人口変化をみておきたい。次の推定値が現在も使われている。大まかな傾向をしめすものと受けとりたい。

John D. Durand, "The Modern Expansion of World Population", 1967.

これによると、一八〇〇年から一九〇〇年までの一〇〇年間に、ヨーロッパ（ソ連を除く）の人口は、約二倍の三億となり、また北・中・南アメリカの人口は、約五倍の一億五千万となった。次の一〇〇年間にも同じような増え方をしている。具体的には上の表の通りである。

近代の基調にはこの西洋人の民族大膨脹が存在しており、近代日本を考えるときにもその影響を見落とすことはできない。では明治以後の日本をみたい。

昔は子供をたくさん生んでいた

戦前の日本人は、今よりもずっと子供をたくさん生んでいた。統計として国立社会保障・人口問題研究所の資料を用いたい。その出生動向基本調査の資料によれば、完結出生児数（子供を生み終えた夫婦の子供数）は、現在の日本では二人が平均的である（正確にいえば、一九七〇年代から二・二人前後で安定してきたが、二〇〇五年には二・〇九人に低下した）。が、一九四〇年（昭和一五年、つまり日米開戦の一年前）には四・二七人だった。熟年夫婦には、今の倍ほどの子供がいたことになる。しかも現在では未婚・非婚者がずいぶん増えている。合計特殊出生率（一人の女性が生涯に産む子供の平均数の推計値）でいうと、一九二五（大正一四）年には五・一〇であり、それが二〇〇五年には一・二五にまで低下した。平均でいえば、かつて女性は現在の四倍もの子供を生んでいたことになる。

戦時中の「産めよ殖やせよ」運動よりも以前から、一夫婦に子供一〇人というのも珍しくなかった。ちなみに私の父は当時では珍しく二人兄弟だったが、私の義父は一〇人きょうだい。また私の伯父は一〇人の子持ちで、一九四〇年に一〇人以上の子持ちが優良子宝隊として表彰されたときに受賞した。私は六人きょうだいの三男（いわゆる農家の三男坊）、家内は四人きょうだいの三女である。

人口が増え、農地は増えない

日本の近代化は明治維新とともにはじまる。一八六八（明治一）年の人口が推定で三千四〇二万四千。この数字が出発点だった。そこから人口が増加していく。近代化の号砲は人口増加の号砲でもあったのだ。約七〇年後、第二次大戦直前の一九四〇（昭和一五）年の人口が七千一九三万三千。明治維新時の二倍を優に超える人口である。七〇年間に人口が倍になれば、社会の軋みはたいへんなものだったにちがいない。それだけの人数が食べていくために、日本は国としてどんな工夫努力をしただろうか。「食べていくために」という視点に立って歴史をみたい。

そもそも、なぜ明治維新以後それほど急激に人口が増えたのか。人口が増える理由は、人の移動を別にすれば二つある。たくさん生むから。または、死ぬ人が少なくなるから。両方同時に作用するにしても、主にそのどちらだったか。

一概にはいえないにしても大まかにいって、近代西洋ではその人口増加は死亡率の低下によったようだ。しかし日本の場合は主として出生率の上昇によった。つまり医学・薬学や衛生学が普及して死亡率が下がったことも原因の一つではあるけれども、間引きや堕胎、そして婚姻の制限など、江戸時代に使われていた人口調節法が、明治以後、使われなくなったことが一番の原因になったと思われる。人口の入力を抑えていた障害が外れたのである。なぜ外れたのか。明治維新によって社会が変わり、ルールや習慣が変わり、人々の生き方・考え方が変わったからだろう。一言でいえば人々は自由を得た。

とにかく七〇年間に二倍余りに人口が増えた。年平均にして一％の人口増加率である。参考までに人口増加率が年一％だと七〇年で倍増、二％だと半分の三五年で倍増、という数字である。

その人口を養うべき農地はどうであったか。当時すでに、江戸時代の緻密な文化によって、開墾できるほどの土地はほぼ開墾しつくしていた。ちなみに戦前、北海道は開発困難であった。

〈食糧問題を論ずる者は特に北海道を重要視する。……しかるに大正一四年中の耕地拡張および潰廃の成績を見るに……拡張の大部分は各府県において行われ、潰廃の大部分は北海道において行われている。……北海道において、耕地大拡張を実行するの如何に困難なるかが思われるであろう。〉（矢内原忠雄『人口問題』一九二八）

明治以後、開墾や稲の品種改良によって収穫がふえたことは確かだが、おおよそ三千四百万という明治初期の人口が、日本の基底人口のおおよその目安と考えていいのではないか。ここで基底人口と仮に呼んだのは、日本の土地が国外からの一切の入力なしに完全リサイクリングで扶養できる人口である。入力とは肥料、飼料、エネルギー等だ。この基底人口からの超過分が、生きていくためにはどうしても外国と関係を持つことが必須であるような人数である。

食糧と物資をどこでどうやって得るか

基底人口をはるかに超えた人口が、食糧と近代化物資を求めた。それは国内では十分調達できないものだから、どうしても国外から調達しなければならなかった。したがって明治以後の日本にとって絶対必要なのは、なんらかの意味での、対外的な国際関係であった。これは論理的必然だ。明治以後の日本には鎖国は不可能なのだ。問題はどんな対外関係をもつかである。

われわれは未熟な少年が、金品が欲しくて強盗殺人をしたとき、その社会性の欠如をなげいて、欲しいからすぐに取るのではなく、社会で働いて金をかせぎ、その金で店から商品を購入する、そういう間接的な獲得法を知らなければならない、もっと教育をうけて社会の仕組みを知り、人間的に成長してほしいと願う。戦前の日本は、いわゆる鎖国から国際社会にでてまだ間がなかったわけで、その日本がしでかした戦争は、そういった矯正可能な少年犯罪の類だったのだろうか。たんに〝しつけ〟が悪かったのか、それとも何かのっぴきならない理由があったのか。

まず、当時の世界に、日本の食糧•物資の需要を満たすだけの絶対的な総量があっただろうか。仮に総量があったとして、市場で必要物と交換できるような何か「見返り物資」を日本は持っていただろうか。この点を〝当時の世界〟を前提として検討したい。

この問いに関係して「人口過剰」という表現をつかうので、はじめに断っておきたい。人口過剰とは、その人口が必要とする生活資料の量が、「その時点で利用可能な」生活資料の量を超えることである。人口が過剰かどうかは生活資料に対して相対的であって、人口がある絶対的な数以上なら過剰だとか、ある数以下なら過剰でないということはできない。だから日本でも、戦前の七千万の人口が過剰で、戦後の一億超の人口が過剰でないことがありうる。

以下では、人口学者トンプソンの日本国外からの見方をながめ、つぎに国内資料をつかった日本国内からみた人口・対・生活資料のバランスシートを研究したい。

2　アメリカの人口学者がみた戦前日本

日本の膨張を的確に予言した人口学者トンプソン

昭和八（一九三三）年に刊行された上田貞次郎・編著の『日本人口問題研究』（協調会）は、序文で次のようにのべて、人口増加の影響を危惧する。

〈人口の激増ということがわが日本のあらゆる経済的及び社会的状勢の根底に横たわる所の顕著なる事実であることは疑う余地がない。いずれの国でも産業革命の到来と共に人口激増するが、天然資源の豊富なる国、内外の事情が産業の発展に都合よき場合にありては、人口の増加と一般生活程度の上進と並行し得る時期は比較的長く続く。これに反して資源貧弱にして環境の有利ならざる国では人口増加の圧力を感ずる時期が早く来る。わが国は明治維新以後、欧米の技術と制度とを採用したる結果、産業の大発展を来たすと共に人口は激増し、しかも生活程度は著しく高まって来た。そしてこの幸福なる状勢は欧州〔第一次〕大戦直後まで継続したけれども、近年変調を呈するに至ったようである。産業の発展が人口の増加に伴わず、各階級の人々は戦時戦後に急進したる生活程度を維持せんとして苦闘しつつある。かかる現象は世界的不況によることは言をまたないけれども、一面において人口増加の圧力が働いていることを看過するわけに行かない。わが国は今や明治大正の発展時代を終って一の新しき時代に入ったものと思われる。〉

この本は、欧米人による日本人口論として次の著作や論説を紹介している。クロッカー著『日本人口問題』、タムソン著『世界人口の危険区域』、デヌリー氏の日本人口論、コンドリフ氏「極東における人口の圧迫」、アレン氏「日本の人口問題」。そこでタムソンと記されているのが、これからわれわれが検討しようとしているトンプソンである。

先にみた北一輝の『日本改造法案大綱』は、日本は人口増大したから領土をもとめて戦争に打って出るぞ、と自ら宣言した書であった。その刊行から六年後の一九二九（昭和四）年に、アメリカの人口学者ウォレン・S・トンプソンが、日本の人口増大を外からながめてその危険性を指摘した書物を出版した。

Warren S. Thompson, "Danger Spots in World Population", Knopf, 1929.

直訳すると、「世界人口の危険地域」。その第一の対象は日本であり、日本の「人口過剰から対外爆発へ」論をのべたものである。この本は二年後に翻訳が二種類もでた。ともに一九三一（昭和六）年の刊行である。

ワーレン・エス・トムソン著『亞細亞の人口問題』石丸藤太訳、文明協會

W・S・トンプスン著『人口過剰の対策』森田敏訳、改造社

私は後者をよその図書館から借りて読んだので、引用はこちらからにしたい。これは戦前という時代を理解するには欠かせない書物であり、文庫本等でいつでも簡単に入手できるようであってほしいと思う。

北の書が日本の「人口増加から戦争へ」論を内側から主観的かつ意志的に述べたのに対して、トンプソンの書はそれを外側から客観的に、そして欧米に可能な政策（不発に終わったが）を提案しつつ述べたものである。その意味ではこの両書は、日本の内からと外からとで互いに裏合わせの関係にある。北は戦争による領土獲得をとなえたのに対して、トンプソンは欧州植民地や豪州の土地を日本に譲与することを提案する。譲与は難しいけれども戦争よりはいいだろう、という言い方をする。

トンプソンの本は一九二九（昭和四）年の時点で、日本が人口過剰から戦争に打って出る可能性を切迫したものとして記述しており、実際にこの本の刊行から二年後には満州事変、つづいて日中戦争、太平洋戦争と、日本の対外膨張がつづいた。その意味でトンプソンの本は予言の書であり、刊行時点でみごとに日本の将来を言い当てている。先に北の本を予言書だといったが、トンプソンの場合は日本を外からみて客観的に考察した結果としての予言なので、学術的な予言である。

およそ科学の精華は予言にある。科学の理論はそのあらかじめ提示した予言が的中したときに最もあざやかにその正しさが実証される。トンプソンの書が日本やドイツ、イタリアの行動を正しく予測したということは、彼のマルサス的な人口学説が、すくなくとも当時の時代にたいして真実であったことを示している。戦前日本はたしかに人口過剰的世界であったのだ。ただし彼の学説は、戦後世界が人口過剰的でなくなったときその予言力を失った。

トンプソンの言うことは、まるで日本の手先か回し者かというくらいに日本に同情的である。

人や国を理解するとは、その行動の由って来たる因果関係を認識することであり、対象に寄りそったその認識が、同情に似た発言にもなるのだろう。トンプソンの学説を日本人がわが意を得たりとして開き直るなら、それは日本の侵略の正当化につながる恐れがある。事実認識と価値判断は分けたい。

自発的な土地再配分か、さもなくば戦争

トンプソンは「序」の冒頭でこう主題をしめす。〈人口問題研究の途中、私は、資源に対する各民族の圧力の相異ということが、諸国間の軋轢の主要原因の一である、と信ずるに至った。〉〈かかる相異の存在するということの知識は、今日、世界中に速やかに拡がりつつある。〉資源の有無という事実だけでなく、資源の有無の「相異の認識」が、対外行動をおおきく左右する。そこが人間ならではで、歴史がたんなる物の関数でないゆえんである。〈既に新土地と新資源との必要を痛切に感じつつある民族は、たまたま又、今後二、三十年の間大いに増加しそうな民族でもある。〉

人口が増えつつある民族ないし国は、どこよりもまず日本。中国とインド、ただしこの二国は国のまとまりがわるいから国家的行動には出そうにない。そしてイタリアとドイツが含まれる。〈圧力を平等化せんとする努力は、戦争に終わるかそれとも何らか他に調節法が発見されるか？〉それらの民族に土地を譲与しないならば戦争になる、と言う。

近代工業文明の圏内に入った民族は、新欲望の洪水が襲来するだけでなく、近代衛生法の導入によって人口増加率がにわかに上昇する。ヨーロッパの人口は一八〇〇年に一億七五〇〇万ないし二億だったのが、第一次世界大戦開始（一九一四年）のときはほとんど六億（欧州植民を含む）に達していた。おまけに生活水準が上がり、個人の消費高が増し、経済物資にたいする欲求が増大した。

そこへ遅れて参入してきた民族がいる。日本、そして欧州の後発国であるイタリア、ドイツである。それら新参者にとっての弱点は、〈より豊穣な土地およびより貴重な資源が、一歩先んじて国家的成熟に到達した二、三の国によって、占有されてしまったということに存する。〉

工業化先発国、つまりは侵略先発国にとって、新領土獲得は容易であった。それらの国は現在、土地配分の現状を維持することにのみ関心をもっている。

〈古い自給自足の伝統的経済から、より近代的な西欧産業主義へ転向する初期における民族の生活には、大膨張の時代がある。この時代には、国民生活の全相に、非常な膨張の衝動が表われる。〉その大膨張の時期が民族間でズレているため、いま膨張しつつある国々は、過去に膨張をすませて今はただ過去の成果を守ろうとのみする国々に対して、ある新要求をなそうとしている。新参者が求めるものは過剰人口のはけ口としての植民と、工業生産に必要な資源であり、それらのための用地・領土であるのに、それらを先発者が押さえてしまっていることが不満なのである。その不公平が圧力を生み、戦争への危険をもたらす。

郵　便　は　が　き

料金受取人払

本郷局承認

6344

差出有効期間
2009年3月19日
まで

有効期間をすぎた
場合は、50円切手を
貼って下さい。

113 - 0033

（受取人）

東京都文京区
本郷2-3-10

社会評論社 行

ご氏名

（　　　）歳

ご住所

TEL.

◇購入申込書◇　■お近くの書店にご注文下さるか、弊社に送付下さい。
本状が到着次第送本致します。

（書名）　¥　（　）部

（書名）　¥　（　）部

（書名）　¥　（　）部

●今回の購入書籍名

●本著をどこで知りましたか

□(　　　　　)書店　□(　　　　　)新聞　□(　　　　　)雑誌

□インターネット　□口コミ　□その他(　　　　　　　　　　)

●この本の感想をお聞かせ下さい

上記のご意見を小社ホームページに掲載してよろしいですか?

□はい　□いいえ　□匿名なら可

●弊社で他に購入された書籍を教えて下さい

●最近読んでおもしろかった本は何ですか

●どんな出版を希望ですか(著者・テーマ)

●ご職業または学校名

そして戦争の予言がくる。〈事態いささか急迫せりと見るべきは、何かしら非常に爆発性の装薬が、世界の各所に堆積するままに放置されていることであって、近き将来において何らかこれを分散せしむるの方法がとられない限り、多大の災禍を招来するであろう。〉だから、今日なお増殖しつつある民族の致命的必要を満たすべく世界資源の再配分を行なうべきである。領土と資源の合理的調整、である。〈選択の道は、自発的平和的再配分か戦争かである。〉

人口空白地帯を譲与すべし

当時の世界人口総数は約一八億。トンプソンの本は初めに折り込みの世界地図をのせて、一個の黒点五〇万人として各地の人口分布をしめしている。それをみれば、見るからに黒々としているのが、まず日本、ただし北海道を除く。中国東部と南部。インド東部と海岸沿い。ジャワ。かなり黒いのは、中国とインドの残り部分。イギリス南部、フランス北部からドイツ北西部にかけて。イタリア。アメリカ東部ほんの少し。フィリッピン。トンプソンはよく「西太平洋」というのだが、その地域では南方が白々としている。スマトラ、ボルネオはほぼ白い。ニューギニアは白。そしてオーストラリアは南東部を除けばほぼ真っ白である。このことがトンプソンの、それら地域は日本に譲れ、あるいは日本人を受け入れよ、という主張につながっていく。オーストラリアでは白人は温帯部分のみをとって、使用しないその熱帯部分は日本人に譲れと言う。地図の黒い（人口稠密な）地域から、白い（人口疎らな）地域へと人口を移動させるのが合理的であり、それを阻害するのは不合理である、というのである。

トンプソンは、その点でイギリスの責任が最も大きいと言う。なぜなら〈世界割り当ての現状を以てすれば、イギリスは、人口稠密な諸国民によって必要とされている土地の大半を支配している。〉このトンプソンの主張は、北一輝がイギリスを最も敵視したことと対応している。

日本の貧しさとアメリカの豊かさ

日本の困難にかんするトンプソンの見解を見てみたい。彼はまっさきに、日本の国土面積の小ささを言う。日本本土が三七・八万平方キロメートル。台湾・朝鮮・樺太という属領を含めてもその二倍弱の六七・五万平方キロメートルであり、これはアメリカの一州であるテキサス州の六八万平方キロメートルに及ばない。しかも日本本土の国土面積の多くは山地である。現に耕作されている面積は、わずかに全体の一五・五%。がんばっても二〇%を超えることはあるまいと言う。ちなみに現在の日本では、森林つまり山林が六六・四%で、農用地は一二・八%である。

トンプソンは日本の農業を、アメリカの農業州であるアイオワと比較する。アイオワの全面積は日本本土の三八%、人口は日本の四%。一農家当りの耕地面積をみると、一九二五年、日本においては約一万平米(ざっと百メートル四方、一町歩)なのに対して、一九二〇年、アイオワでは日本の三六倍の三九万平米(ざっと六〇〇メートル四方)。しかもアイオワでは、日本でなら耕地にするような牧場・森林・その他未耕地約二四万平米(ざっと五〇〇メートル四方)を持っている。所有する馬の数は、アイオワ一州で日本全国とほぼ等しく、牛の数は日本全国の三倍、豚の数は一二倍である。

鉱業資源ないのがハンディキャップ

つぎにトンプソンは、日本が大製造ならびに大貿易国家になりうる力があるかと問うて、まず鉱物資源、とくに燃料と鉄をみる。豊富な燃料と鉄なしには高度に工業化された国を支えることができないからだ。日本の石炭埋蔵見積量は八〇億トンだが、容易に採掘されるものはその六ないし七分の一、つまり一〇数億トンである。北米では年々五億トンを消費。大英国は人口が日本の約四分の三だが、年々一・五億トンを消費。大英国の石炭埋蔵量は一八九〇億トンである。

つぎに鉄。鉄鉱埋蔵量は朝鮮もあわせて七千万トン、しかも良質でない。これはアメリカの一年間の消費量にも足りない。大英国は日本の約一五〇倍、アメリカは大英国の数倍を所有する。以上のように、燃料・鉄ともに日本はまったく貧弱である。

日本の対中国政策はことごとく〈石炭および鉄資源の貧弱な点に割り出されていることは疑いを容れぬ所であって、特にそれは満州によって決定される。〉満州の石炭埋蔵量は約一〇億トン、良質で採掘容易。満州の鉄鉱量は一億トンと日本より多く、採掘容易。〈これら満州の資源は、日本の幸福に致命的関係があるので、続いてこれを開発すること〉が日本の対中国政策の要点である。

燃油（つまり石油）の埋蔵量も日本は貧弱で、日本本土・台湾・樺太をあわせてカリフォルニア程度で、アメリカの年産高をいくらも越えないだろう。英国と同程度に消費するなら一五ないし一八年もつ程度である。

貿易への活路はむずかしい

日本が太平洋において一九世紀の英国が果たしたような役割を果たせるか、とトンプソンは問題を立てて、ありえないと答える。燃料・鉄がないし、英国が工業化や海外市場獲得で先駆者利益を得たのに対して、今はもうそういう時代ではないからだ。どの国も自国の工業化を達成しようと苦慮し、まだ達成できない場合は「保護関税」を設けている。利ありとみれば関税によって自国市場保護にでるのである。

日本の農業はもう限界に達している。一方、工場労働者は一七八万人と多く、都市人口は急激に増えている。しかし工業への転化が無制限に発展可能と思ったらまちがいだ。鉱物資源へのアクセス可能性の点で日本は不利だからだ。

日本の外国貿易についてはどうか。生糸が日本の最大唯一の輸出品であるが、アメリカは製品を自国で生産すべく関税をかけているので、原料生糸での輸出である。日本は原料綿花を輸入して綿製品を五億円以上輸出しているが、その輸出先は中国とインド。この両国は綿業の進歩が顕著で、綿花は自国で生産し、労働は廉価である。他の精製品についても同様である。

そのうえ、産業発達途上にある国民の常として、日本人もまた新しい欲望にめざめ、より多くの貨財を享楽したいと欲している。なのに資源には欠けている。いったいどうすればいいのか。トンプソンは四つの活路を検討して、救済は新領土獲得のみであると結論する。鉱物資源を保有する新領土を獲得すること（欧州からみれば日本に提供すること）。これしかない。それだけが〈日本の膨張のために、戦争に代わるべき真実無二の方法〉である。

北とおなじくトンプソンも「運命」と言う。〈日本人は、思うに、膨張すべき運命にあり、そして新領土の獲得によって膨張すべき運命にありとすれば、われわれは今や、日本は一体、産児制限が人口過剰の永久的緩和法を提供するまで、その余剰人口のはけ口としての新植民地を、どこに見出しうるであろうかと、問わねばならぬ。〉

動物返りで本能に従う、それが狂気

さらにトンプソンはこうつけ加える。〈今後二、三十年間における日本の膨張の必要は、政府当局の統制圏外にある。〉〈将来日本の政治家は、たといそれを望んだにしても、日本民族を現領域に押し込めておくことはできないであろう。そしてこれら領袖は、もとより、将来の必然的成り行きと目すべきものを、阻止せんと試みることは無いであろう。〉

それはこう言いかえることができる。今後の日本の進路は、理性で左右することはできない、生物的本能が決めるのだ、と。じっさいその後、戦争にいたるまでの日本の進路は、近代哲学がえがくような理性的人間が選択・決定したものとは思えない。いわば生物的な反応系が決定したものである。理性は生物的本能への指導力をなくし、本能が盲目の突進をはじめたのだ。動物返り。これが社会的狂気の一つの形態である。そのとき人間行動はほとんど自然法則に還元される。あたかも空気密度の高いところから低いところへ気体分子が広がろうとするように。

〈神代から連綿として飢ゑてゐる〉という川柳を、昭和一一年に川柳作家・鶴彬《つるあきら》がつくった。貧困は昔からあった、なのになぜ昭和一〇年代の日本人は狂ったのか。その疑問に、上述のトンプソンの説明が答えている。年々増大する人口圧がついに理性を吹きとばしたのだ。

ちなみに、戦争が始まって以後の狂気として、日本軍の日本兵への待遇がまるでゴミ扱いだったことがある。日本軍の戦死者はその多数がじつは餓死者であった。また、山本七平『日本はなぜ敗れるのか』（角川書店、二〇〇四）はバシー海峡の犠牲について記している。バシー海峡とは台湾とルソン島との間の海峡。この制海権のない海をいけば米軍に撃沈されるとわかっていながら、日本軍はフィリッピンへの兵員を満載したボロ船を、次々に送りこんで何十万人かを海没させた。山本はそれを〈アウシュヴィッツのガス室よりはるかに高能率の、溺殺型大量殺人機構の創出〉と呼んだ。人間へのこういう扱いはふつう狂気とみなされる。この棄民政策は、人口過剰状態によって人間の価値が暴落した結果だと思われる。自国民を大事にしない者が他国民を大事にするはずがない。人口魔は人間へのゴミ扱いとして現われる。

若者の多さが圧力を生む――ハンチントン

国際政治学者サミュエル・ハンチントンの実証的な研究書『文明の衝突』（集英社、原著は一九九六）にふれておきたい。この本は過去の歴史において、人口が増大して若年層が増えた時期と、社会の革命や変動とが重なりあう傾向が強いことを指摘し、ユーラシア大陸での一七世紀半ばの宗教革命、一八世紀終わりの政治革命（フランス革命）はまさにそれだったし、一九世紀には移民の流出で人口圧が減ったけれども、〈一九二〇年代に若者の比率がふたたび増加すると、ファシズムをはじめとする過激な運動が多数の参加者を集める結果となった。〉

ハンチントンは〈歴史を動かしてきたのは人口の移動である〉と総括し、〈若年層（一五―二四歳）の割合が増えて二〇パーセント以上になることが、二十世紀の異文明間の多くの紛争の原因になっている〉、近年のイスラム勢力の攻撃性はそれに原因する、と言い、逆に現在〈ヨーロッパもロシアも人口問題では爛熟期にあり、出生率は低く、老齢人口が多い。このような社会には、拡張主義をとったり攻撃的になったりする若年層の活力はない。〉とする。

人口過剰とそれにともなう貧窮が膨張を生む、とこの第II部では仮定するのだが、人口の総数というより若年パワーあふれる人口構成が、膨張圧力を生むようだ。人口が若年層の多いピラミッド型になるのは、人口が急激に増加するときである。戦前日本もそんな状況だった。

逆にいえば、これからの少子高齢化の逆ピラミッド型社会においては、物資窮乏して中高年の人口過剰状態が到来したとき、彼らは国内でおとなしく野垂れ死にするのか？　高齢者の人口過剰は負担増やインフレというかたちで来るだろうから、年金生活者には致命的なものとなる。高齢者は何とかして生きる方法を見つけねばならない。個人的にか、それとも社会的にか。

3　遅れた人口増加、移民は不可

移民は選択肢にない

トンプソンの原著がでたのが一九二九（昭和四）年だが、その前年の一九二八（昭和三）年に、矢内原忠雄が『人口問題』（岩波）を出版した。ただ、矢内原はトンプソンの主張を知っており、この本のなかで言及している。日本と世界の人口状況にかんして、矢内原の見解はトンプソンと共通するところが多い。ここで『人口問題』の前半部分と、そして一九三四（昭和九）年刊行の『満州問題』（岩波）を見たい。なお、『人口問題』の後半部分はテーマが資本主義へ転じるので、次の第Ⅲ部でとりあげる予定である。

矢内原は内村鑑三に影響をうけた無教会派キリスト教徒で、当時、植民政策を研究する東大教授。時勢にながされず、軍部への批判をも恐れない学究であった。矢内原は一九三七（昭和一二）年に、その政府批判をとがめられて東大教授を辞職した。その著作からは透明な知性が感じられ、その判断は中正で信頼できそうな印象をうける。

人口は昭和初期の日本で、まさに時の話題であった。〈わが国人口の自然増加数が近年百万人に近からんとするの状勢は国民心理に一種の恐怖的暗影を投じつつあるもののごとく、人口問題についての論議は正にたけなわである。〉

日本は近代化の後発国で、それは人口についてもいえた。ふつう近代化すると人口増加率が上りはじめ、やがてピークに達して、その後下がりはじめる。西欧がそのピークを過ぎたころ、日本がそのカーブを上っていた。もっとも、西欧のなかでもズレがあり、ドイツやイタリアは遅れていた。矢内原は言う、〈一般に出生率漸減に伴う幼年者階級の割合の減少は、十九世紀末以来欧州諸国の大勢であった。これに反し、わが国は今日まで大体出生率向上しきたれるが故に、人口中幼年者の占むる割合も漸次高くなっている。〉

増えた人口が国外に出れば問題はすくない。ヨーロッパからはアメリカに出たが、アメリカ合衆国は〈日本移民に対しても一九二四年移民法により遂にその入国を禁止したることは人々の知るところである。〉〈白色人種は世界人口の三分の一でありながら総面積の九分の八を支配する。かくのごとき関係にもとづく地球独占計画こそ平和と正義の敵でなければならない。〉ともかく移民は日本にとって主たる対策になりえない。

近代化は工業化・都市化であり、脱・農業化であった。〈現今わが国農家の戸数は全国戸数の約五割であるが、この割合は以前に比して減少してきたし、将来なお減少するであろう。ドイツでも農業人口は総人口に対し一八八二年には四二・五％を占めたが、一九〇七年には二八・七％に下った。イングランドでは農業および林業人口は全体の約七％に過ぎない（一九二一年）。〉農家人口の比率が近代化の程度をしめす。日本は遅れている。

不足の米を植民地から

日本は人口増加にみあった食糧供給増加をもちえたであろうか。矢内原によれば明治維新後に人口が増えはじめたとき、それに合わせてしばらくは食糧生産が増加した。明治一二（一八八九）年から大正一四（一九二五）年までの三六年間にわが国の内地人口は一・六七倍に増えたが、米の作付面積は一・二二倍に増え、一反当たりの収穫高は一年一石二斗より一石八斗九升と増したが故に、米収穫高は一・九一倍し、その増加割合は人口増加率を超えている。生産が増えたが消費も増えた。農業の集約化と経済発達にもとづく国民生活程度向上の結果、一人当りの米消費量は、明治七（一八七五）年の七斗六合から、大正一二（一九二三）年には一石一斗四升七合と増加、不足額は外国米の輸入に仰いだ。すなわち日清戦争（一八九三―一八九七）を転期として、わが国は米の輸出国より輸入国へと一変した。

ちなみに明治三五（一九〇二）年の人口が四四九六万、人口増加は年に六〇万、年率一・三六％（この年はとくに多いが）。このころに日本は食糧輸出国から輸入国に転じた、と山口喜一『人口と社会』（東洋経済新報社、一九九〇）も言う。

矢内原は日本の米需給をこう言う、〈かくてわが国は近年三、四〇〇万石の外米を年々輸入しているが、これに加うるに植民地米・内地移入の著増を見た。即ち朝鮮米の内地移入高は大正三年の一〇四万石より大正一五年の五二一万石に、台湾米のそれは同じく六二万石より二一八万石に増加した。即ち内地米に加うるに外米および植民地米約一千万石を以て年々激増し行く人口に食糧を供給し得ているのである。〉

大正一四年度の内訳では、内地米八二％、朝鮮・台湾米一二％、外米六％という構成であった。米の自給率をみれば〈大正五年度の消費の九割六分は内地産米によりて供給したるに、大正一四年度には八割二分と下っている。大正五年より一四年に至る間にわが内地人口は六四〇万人を増加した。そしてこの増加人口の食糧はほとんど全部、植民地米および外米の輸移入によりて供給せられたのである。かくして人口激増にかかわらず食物に不足すること無かりしのみならず、米価指数は一般物価指数以下にあり……近頃農家は米価不況の嘆を発しているのである。これ即ち内地消費米需給関係の逼迫せずして、かえって供給豊富なる事実の反映に外ならない。〉

米が供給豊富だったといっても、それは平和裡になされたのでは決してなかった。朝鮮から日本への米の移入は、朝鮮に破壊的な影響をあたえた。〈商品たる朝鮮米の移出と同時に無産者たる朝鮮人の移出が行われる。朝鮮人の満州・シベリア・樺太および内地への移住が近年盛んとなりしはこれがためである。〉

4　満州の致命的困難

日本にとって満州は食糧・資源基地

戦前日本の最大の植民地として、満州をとりあげてみたい。トンプソンは日本にとっての満州の重要性を指摘した。

一九三一（昭和六）年の統計で、満州から日本への主な移出品を見てみる（昭和六年版『満州貿易年報』）。食糧関係では豆粕（肥料・飼料用）七七万トン、大豆五四万トン、その他豆一一万トン、豆油五四五トン、高粱一一万トン、塩二三万トン。工業関係では石炭二一六万トン、鉄および鋼二五万トン、綿織糸六千トン、柞蚕糸一五〇〇トン、また、薬剤・化学薬および爆発薬が一二四万円分などとなっており、総額では当時の金で一億一千万円である。その年の日本の輸入総額は一二億三千万円だから、その九％にあたる。満州には、満鉄がかかわった撫順炭鉱や昭和製鋼所があった。

満州の日本からの移入品は綿織物、綿花、小麦粉、砂糖、車両等機械類、雑品、など総額で六千万円である。その年の日本の輸出総額は一一億二千万円だから、その五％である。満州は日本にたいして、このころまで出超だが、満州事変（一九三一年）から二年後の一九三三年には六千七百万円の入超にかわった。日本が満州国を建設しようとしたからである。〈日本の対満投資による各種建設工作、交通網の伸張等、治安工作の進展に伴い着々〉進んだ（昭和十五年版『満州年鑑』）。

満蒙における工業資源の推定埋蔵量は、鉄鉱一二億トン、石炭四八億トン、オイルシェール五四億トン、マグネサイト四億トン、森林蓄積量二七億立米、などとなっている（一九三三年版『満州経済年報』）。鉄鉱と石炭はトンプソンのいう値よりかなり多い。

ここで、昭和九（一九三四）年出版の矢内原忠雄『満州問題』を資料として見てみたい。日本は明治の新国家設立の余勢をかって外に出た。〈国内の政治機構に改変あり、殊に分裂状態の中より統一国家の新興せる時期においては、往々にして国外に向かっての発展運動が同時に起こる。〉

満州はがんらいロシアにたいする防波堤であったが、日露戦争以後の意義は経済的なものに変わった。〈満州はわが国の独立もしくは国防の必要の理由よりも、むしろ満州そのものに投下せられ、もしくはせられんとするわが国の経済的権益の故に、積極的意義を有しきたれるものである。〉

当時の日本は遅れた農村をかかえながら、たほう都市部は先鋭な帝国主義段階に入った、ちぐはぐな資本主義国家だった。〈わが国の経済機構の内部には、一方において高度に発達せる金融資本的勢力あると同時に、他方においては未だ封建的関係を完全に整理し切れずしてなお資本主義化過程の進行途上にある農村等があり、跛行的状態を示している。〉この二元的な社会構造が日本の対満州行動をとく鍵となる。

満州侵出に多くの国民が賛同

一九三一（昭和六）年の満州事変では、石原莞爾中佐・板垣征四郎大佐らが謀って柳条湖で満鉄を爆破、これを張学良軍のしわざと偽って関東軍を出動させ、林銑十郎中将が朝鮮軍をひきいて独断で朝満国境を越えて応援し、四ヵ月半で全満州を軍事占領、翌三二年に満州国樹立に至った。のちに法学者・美濃部達吉は、軍部の横暴を法学者としてどう思うかと訊かれて、林銑十郎のこの独断越境を糾すところから始めねばならないと答えた（清瀬一郎『秘録東京裁判』読売新聞社、一九六七、中公文庫）。越境将軍の異名をとった林は咎められることもなく、一九三七（昭和一二）年二月二日から四ヵ月間、首相となった。

満州事変をおこした軍部はどんな実体だったかというと、軍部は国家の道具であるはずがそうでなく、構成員の出身元の利害を反映してうごく半独立の存在であった。士官の出身は経済不況によって没落しつつある中産階級だった。兵は貧農出身が多いが指導的立場にはない。

〈満州事件における主動的勢力は軍部であった。……軍部構成員〔士官〕の主たる社会的基礎を求むれば、中産農民および中小商工業者の層が最も強く反映せらるるを見るであろう。……しかるにこれらの小地主農・自作農および中小商工業者の階層こそ資本主義の圧力によりて独立の地位を危くせられ、殊に〔第一次〕世界戦後の不景気によりて最も重圧を被りつつある階層である。軍部はその意識において決して資本主義擁護のために満州事件に従事したるものではなく、かえって資本主義排斥をばその当初の抱負となしたるものであった。〉

しかしじっさいに蓋をあけてみると、資本の力をかりなければ何もできないことが判った。〈しかるに事実の経過を見るに、満州事件によりて保護せられたる最大直接の利益は満鉄……である。また満州の開発経営も、資本家の投資および資本化的経営の方法に負う外なきに至り……軍部の反対的意識と努力にかかわらず、この時勢は満州問題に独占資本主義（帝国主義）の性質を付与したのである。〉

ここで注目すべきことは、多くの国民が満州事変に賛同したことである。理由は、農村の過剰人口問題解決の期待からだ。農村の過剰人口とは実質、失業者である。その移民先になりうるのではないか。〈今は非常の時であって言論の自由は事実上拘束せられているとはいえ、満州事変の根本的要求たる特殊権益擁護の政策は一般国民の支持を受けているが如くに見える。ただに金融資本のみならず商工業者も、ただに資本家のみならず農民・労働者階級層も、一般的にこれを支持しているが如くに見える。……世界的不況の現在において、わが国商工業の発達速度は農村過剰人口を吸収し農村不安を除去するだけに有力ではあり得ないのである。ここにおいてか、資本の政策とは別に、また資本の発展による人口問題の間接的解決とは別に、過剰人口の直接的解決としての移住地獲得が農村の政策として要求せられていると考えられる。……満蒙政策が資本の側よりのみならず、否《いな》、資本に抗してまでも遂行せられねばならぬという強硬論の中には、ショービニスチック〔排外民族主義的〕な感情論の外に、かくのごとき実質的根拠があることを認識しなければならない。〉

農村過剰人口の移民先として満州が期待されるが、ほんとうに移民できるかには条件がある。矢内原は、満州への移民が成り立たない理由をのべていく。日本人の満州への移民が少ない（昭和五年末で約二三万人）、その政治的原因は張氏政府の排日政策、殊に土地取得の阻害であった。しかし別の原因もある。満州の原住民は無能でなく、中国からの移住者が多く、それらが低い生活水準で生活している所に、彼らに比べれば高い生活水準の日本人が入っていって、農産物の価格競争をするのは無理だと言う。

そんなことで満州の移民先としての価値はほぼ幻に終わった。あとに満州の経済的価値がのこった。移住は農業移民よりも、満鉄や満鉄付属地への非農業移住者が主だった。関東州（遼東半島南西部で大連港をふくむ）と満鉄付属地における内地人の人口は、一九三〇（昭和五）年に二三万人、一九三五（昭和一〇）年に三八万人であった。いわゆる満州移民（満州への計画的農業移民）では、入植地を強制収用して入植、一九四〇（昭和一五）年の九次までで三万八千人、一四次までで最終的に計二七万人が入植した。

中国ナショナリズムの合流

中国ではナショナリズムが勃興しつつあった。まず経済的な対抗が起こった。〈近年における支那国民主義［ナショナリズム］の勃興……支那側自弁鉄道の建設は一九二六年以来一九三〇年末に至る五ヵ年間に九線一三五〇キロメートルに上った。〉その中国側の鉄道が、満鉄など日本側の鉄道に対抗し、その利益を損なった。
ここで張作霖、張学良の父子が登場する。中国東北の実権をにぎった張作霖は中国中央を征覇する野心をもって数度の戦争をおこしたが、それはネガティブにせよ中国東北と中央の交渉であり、日本陸軍（関東軍）にとってうとましいことであった。一九二八年、中国国民革命軍（蒋介石総指令）による北伐に敗れた張作霖は、関東軍によって爆殺された。〈その子・張学良は中央進出の志を棄てざるのみか、南京政府と握手〔同年一二月、南京国民政府に合流〕することによりて満州と支那本部との関係に一大転換をもたらした。今や満州は支那の辺境たる特殊地域たる地位より転じて、支那の政治的統一の有機的一部に包括せられんとするに至ったのである。〉
張学良は明瞭に中国中央と握手して、排日行動にでた。それは関東軍には容認できないところであった。かくて満州事変が起きた。〈往々張学良政権は封建的軍閥であると言われる。……彼は南京と握手することによりて父の封建的軍閥性を振り落し、資本主義的勢力への脱皮転身の過程に立ったのである。……張氏父子は武力を以て北支那を征した。そして資本と思想とを以て中央に征せられた。……かくのごとき政治的・経済的および思想的転換期に踏み入れる東北政権が、日露の権益に対して排外政策を取り、政府と軍隊と人民との間に排日・侮日の行動の頻出するに至りしは、また怪しむに足りない。それがわが国の特殊権益擁護政策への脅威を激化したこともまた明らかである。決裂は来た、しかも疾風迅雷的に。あたかもセルビア青年の一弾が世界大戦の口火を切りしごとくに、北大営外何メートルかの鉄道破壊が満州事変を、ひいては上海事変ま

でをも惹起したのである。〉

こうして満州の民族主義が中国本部の民族主義と結合することによって、満州問題は全中国問題の一部となった。日本が中国から満州（正確には中国東北と華北）だけを食いちぎることはついにできず、日本はずるずると中国との全面戦争にのめりこんでいき、それがひいては日米戦争にまでつながった。

日米開戦までの経緯において要所を一つ挙げるなら日中戦争である。①日本は中国に侵攻して、そこから自発的に退くことができなかったこと。②アメリカが日本の中国侵略を決して許さなかったこと。③蔣介石の中国国民党と毛沢東の中国共産党の指導のもとに中国がねばりづよい対日抗戦を続けたこと、そしてアメリカが援蔣ルートを使うなどして国民政府を援助したこと。この三つの理由により、日米戦争の決定的な背景原因は、日本の中国侵略であったといえる。その日本の中国侵出はもともと、農村過剰人口（すなわち大量失業者）が原因であった。国民の食えなさが発端にあったのだ。

矢内原自身は、日本と対等かつ相互繁栄的な満州政策を要請する。〈日本は商品販路および原料品供給地として満州に依存する程度以上に、満州以外の世界に依存する。〉〈満州如何に良好の市場であるとしても、わが対満貿易額は対支那貿易総額の三割に過ぎない。満州重要なりといえどもその価値は全支那において相対的であり、支那重要なりといえどもその価値は全世界において相対的である。〉

親善が方針とならなければならない。〈日本の対支政策の根底は支那の近代統一国家化の助成に存しなければならない。支那の統一無くして日本の繁栄無く、支那の排日ある限り日本の幸福は無い。親隣のみ真に合理的永久的意義ある対支政策である。〉

それは後世からみて正解である。しかし当時の状況を公平にみて、矢内原が日本国民の生活手段を提示できたかというと、どうだろうか。『満州問題』がでた一九三四（昭和九）年、日本の人口増加は年八八万人であった。毎年新たに参入する百万弱の人口は、どう生活を確立すればよいのか。難題である。

植民地農業の正負二つの効果

戦前の雑誌『改造』昭和一〇（一九三五）年一月号に、矢内原忠雄の「マルサスと現代」と題する論文が出ている。そのなかで矢内原は、農村の絶対的人口過剰には移民しかない、とのべた。この論文は、前年に起きた東北地方の冷害に対して、農民負債の整理、小作制度の改善もたしかに重要ではあるけれども、〈わが国農村窮乏の根本的原因は農村における絶対的人口過剰にある。〉農村人口の〈一部は国内資本主義の発達により都市商工業へ吸収せられる。〉しかしその過剰人口は多量に上り、〈とうてい国内商工業の吸収し尽し得るところでない。〉だから、解決策は移民しかない、と論じた。移住先についてはブラジルなど南米を考えていたようだが、具体的には述べていない。なお、昭和十四年版『拓務統計』（日本拓殖協会、一九四一）によれば、ブラジルへの移民は総数で一八万人である。年百万にちかい人口増加があるのに、これでは焼け石に水である。

その翌月、『改造』昭和一〇（一九三五）年二月号の、櫛田民蔵の論文「最近時における土地所有の移行」は、第一次大戦の戦時好況時に立てられた米の増産計画がようやくその結果をもたらし始め、とくに朝鮮・台湾において増産されてきたのだが、国内の農業が「朝鮮台湾等植民農業」との激しい競争の下におかれ、それが今次の農業恐慌の原因になったと論じている。また〈日本の主要工業が繊維工業であり農村の男子労働者を吸収する力が乏しい〉ために、〈日本の工業は他の諸国に比し一層多くの過剰労働を農村にもつ〉とも述べている。

ここに述べられているように、植民地の農業は二つの効果をもった。一つは日本の不足した食糧を補ったこと。もう一つは必要を超えた食糧移入が、日本の農家を圧迫したことである。現在では豊作にともなう値崩れを防ぐべく需給調整をするという考え方があるが、当時はそうした生産調整の考え方をとらなかったから、ほんの少しでも供給が需要を上回ればたちまち価格が落ちた。一九三〇（昭和五）年には豊作で米価下落した。前年のニューヨーク株価暴落の余波で、この年には日本も、物価暴落・中小企業倒産・失業者増大という恐慌状態におちいった。いわゆる「昭和恐慌」である。翌一九三一年は凶作であり、とくに東北地方がひどかった。農村の窮乏・疲弊は深かった。

5　自由通商による解決は可能だったか

食糧を中心とする生活資料を、平和裡に、自由通商によって獲得することはできなかったのだろうか。その点を検討したい。トンプソンは、日本が貿易立国することはできないと言った。日本は工業が未発達で、そのうえ鉱物等の資源に乏しく、また国際的には保護関税の障壁があるからだ。

輸出品は生糸と綿製品

日本の輸出品は生糸と綿製品だとトンプソンは言ったが、そのことは統計資料からも裏づけられる。日米開戦の前年、昭和一五（一九四〇）年に至ってさえ、その状況に変わりはなかった。一九四〇年における主要輸出品の、上位八品目を挙げると以下の通りである（『数字でみる日本の１００年』、『日本長期統計総覧』）。これではとても先進工業国とはいえない。①生糸＝四億四六〇〇万円（主にアメリカへ）、②綿織物＝三億九九〇〇万円（中国、英領インド、インドネシアへ）、③衣類＝一億三九〇〇万円（イギリス、英領インド、アメリカへ）、④人絹織物＝一億一六〇〇万円（英領インド、オーストラリアへ）、⑤金属製品（絶縁電線と鉄製品）＝一億三〇〇〇万円（ロシア領アジア、関東州、中国、英領インドへ）、⑥魚介類＝八〇〇〇万円（アメリカ、中国、香港、イギリスへ）、⑦紙類＝七九〇〇万円（中国、関東州へ）、⑧木材＝七五〇〇万円（中国、英領インド、イギリス、オーストラリアへ）。あと、陶磁器、綿織糸とつづく。ちなみに、現代日本の主要輸出品はダントツで自動車である。外貨をかせがなければ日本は食べていけない。

日本の戦前における主要輸入品は、昭和一五（一九四〇）年の分をみると以下の通りで、綿花は加工貿易用、そして石油・石炭・鉄鉱石が工業用だ。食糧として米と大豆が入っている。①綿花＝五億四〇〇〇万円（主にアメリカ、インドから）、②石油＝三億五二〇〇万円（アメリカ、インドネシアから）、③米＝一億九六〇〇万円（移入を除けばタイから）、④機械類＝一億五九〇〇万円（アメリカ、イギリス、ドイツから）、⑤石炭＝一億一七〇〇万円（関東州、仏領インドシナ、中国から）、⑥羊毛＝一億五二五万円（オーストラリアから）、⑦鉄鉱石＝九九〇〇万円（鉄鋼・鉄くず・鉄鉱石をアメリカ、ドイツ、イギリス、マレー半島英領植民地から）、⑧大豆＝八一〇〇万円（関東州から）。関東州（大連港）からというと実質は満州からである。

貿易立国は可能か、関税障壁がある

石橋湛山は大正一〇（一九二一）年に『東洋時論』社説として「大日本主義の幻想」を発表した（『石橋湛山評論集』岩波文庫に所収）。これは、朝鮮・台湾・樺太を維持せよという植民地主義の主張に反論して、貿易にかんする具体的な数字をあげつつ、それらの植民地よりも、米国やインド、英国との経済的利益関係こそが重要である、それらの植民地は棄てよ、と論じている。植民地放棄、小日本主義、貿易立国。それが石橋の提言である。後からみたときそれがまさに正解であったが、当時のうけとり方はどうだっただろうか。

石橋の論説の七年後にでた矢内原の『人口問題』は、貿易立国の成否を検討しているのだが結論として見通しははなはだ暗い。〈ここにおいてか「代理移民」の提唱が起きる。生きたる人間の移出の代わりに、商品輸出を盛んにすることによりて人口問題を解決せんとするものである。即ち産業振興により人口の国内的支持を計り、そのためには商品貿易を盛にすべく、そして貿易は輸出入国相互の利益なるを以て、これを人口問題の平和的なる国際的解決なりとなすものである。〉

しかし関税障壁がたちはだかる。競争もはげしい。〈各国いずれも他に向かっては門戸開放を主張すると共に、自らは関税障壁を高くして外国商品の輸入を制限し、以て自国産業保護の政策を取っている。保護関税政策は〔第一次大〕戦後益々盛んに世界を風靡し、……第三国に対する商品輸出の競争もまた激烈にして決して困難なしに行われ得ない。〉〈一国の人口増加ならびに工業化に伴い食糧品および原料品を国外よりの輸入に俟つ必要は益々増大する。もし人口の国際的移動によりて生ずべき困難を避けんとせば食糧品・原料品の国際的移動を自由且つ公正たらしめねばならない。しかもここにおいてもまた障害に衝突せざるを得ないのである。……食糧品および原料品の独占を要求するのである。ひとしく独占資本主義の必然的要求である。〉

こうして代理移民もまた不可能となる。〈これらの理由により移民の場合と同様に商品輸出の必要と輸入阻止の必要とが各国間に正面的に衝突し、これによる人口問題国際的解決の途を決して平和的円滑に進行せしめない。〉

念のために言い添えたいが、日米開戦直前の一九四〇（昭和一五）年に日本が仏印進駐をしたあと諸国が対日警戒を強めた状況を、日本政府は身勝手にもＡＢＣＤ包囲網と称したが、矢内原が上記の関税障壁を言ったのはそれより一二年も前のことだ。しかし一方、戦前日本の多数の軍艦をみたとき、それだけ鉄が得られるのならその鉄をもうすこし生産的な方面に使えなかったのかとも思う。軍部への予算配分が過大だったのではないか。

植民地――抱えこんでこれだけは確保したと思った植民地にさえも、根本的な困難がある。植民地じたいの自主への動きである。〈植民地および植民地的外国もまたその産業発達するに伴いて自ら商品市場における競争者として現われ、関税障壁政策によりて自国産業を保護せんとするに至る……〉としてインド、支那を例にあげている。〈経済的帝国主義の途は決して平坦ではない。ひとり他の帝国主義国の激しき競争を受くるのみならず、打倒帝国主義の排外運動は鬱然として支那に起こりつつある。日貨排斥運動の如何に頻々たる。本年夏には遂に……〔満州の〕奉天においてすら猛烈なる排日運動が起こされたのである。〉

自由通商の運動

上田貞次郎・編著の『日本人口問題研究』（一九三三）に、上田じしんの論考「我国現下の失業と人口問題」がでているので見ておきたい。上田は一ッ橋大学の社会学・人口学の教授であった。上田は自由通商にたいして矢内原よりも楽観的で、国際関係にたいしてより能動的である。

上田はこう述べる。

〈昭和二年の春、人口食糧問題が議会の問題となり、政府はこれに対する調査会を開くこととなった。その当時私は次のような論文を雑誌『企業と社会』に載せたことがある。〉〈吾人は外国に対して言うだろう。外国が人種の統一を保つためにわが国人の移住を好まぬとすれば、必ずしも移住の自由を要求しないでもよい。その代りわが国内において多く人々が維持されるように外国の安い原料や食料を充分に分配し、且つわが国の製品に対して門戸を開放してもらわねばならぬ。吾々は人力を外国へ送ってその天然資源を利用する代りに外国の天然力を商品の形に直してわが国に取寄せて、これに尽力を加えるであろう。かくして職業多く得らるるならば必ずしも人口多きを憂うる必要はない。これがわが国外交の大方針にならなければならぬと私は思う。……しかるに現在の日本の経済政策はこの根本方針と背馳して外国の原料及び食料の輸入を制限している。……吾人は外に向って門戸開放を求むると同時に、日本自らの門戸をも開放しなければならぬ。〉これが昭和二年の発言である。〈以上引用した所の議論は後になっていわゆる自由通商運動の根拠になったものである。〉

人口増加圧力にたいする対処法はまず産児制限があるから、これを普及させる。ほかには移民があるが、有効ではない。〈現在ブラジルその他への移民に対し政府は営心に奨励しているにかかわらず、一ヵ年の移出数は二万人に達しない。毎年百万人近くの人口増加に対し二万の移民を行っても焼石に水である。海外に新日本を築くことは種々の意味において望ましいけれども、こ

れを以て人口問題の解決とはなし得ない。〉
そうなると貿易立国しかありえない。だが日本の工業は未発達のうえ、追い上げをうけている。〈移民と両立して考えられる対策は外国貿易による工業の発展である。……日本の輸出貿易は生糸と綿布とによって大半を構成されている。今まで日本はこの二つの産業の発達によって輸入品の代価を支払ってきた。しかしながら米国等の市場において生糸の販売を現今以上に激増せしめる望みはない。人絹の発達は生糸の強敵となること疑いない。綿布もまた支那及び印度の綿業が発達し、この両国が益々保護政策を取るようになれば著しく市場を縮められる。〉
資源の不足をどうするのか。〈日本がこれらの軽工業から重工業に転換するには石炭と鉄の資源が足らない。……かような理由で日本工業の発展が悲観されるのである。けれども……〉人絹工業や、中小工業の産物たる雑貨類の輸出に望みがある。
鉄や石炭さえ必須ではない。恐れるべきはただ保護政策である。〈鉄及び石炭の資源不足もまた重大な弱点であるが、今後二十年の消費を支えられぬというほど貧弱ではなく、また動力の不足を補うべき水力は相当に豊富である。のみならず世界にはこの二品の資源をぜんぜん欠いていながら日本以上に機械工業を発展せしめたスイス、イタリアのごとき実例があるから、日本はなお工業発展の余地大なりとせねばならぬ。……まだ幾百万の人口を養うだけの貿易を起こすには足りよう。……ただ諸外国が相率いて保護政策に走り、日本の輸出品に課税することは最も恐るべき危険である。世界経済が一層自由なる交通によって繁栄するか、各国それぞれ自給自足の障

壁を築くかということは、日本の国運を左右する所の重大事である。〉
上田のこの見解は長期的にみればまさに正しい。が、今・ここの目前の困難をどうするかには十分に応えていなかったのではあるまいか。
こうした流れからいえば、高橋是清が二・二六事件で殺害されたことが、大きな禍になった可能性がある。高橋は政策的には殖産興業をめざし、当時、蔵相として軍部の軍事費要求を抑制した。これは今からみて正解の路線である。ただその政策が現実に、当時の国際環境においてどれほど有効でありえたかは、テロによる殺害とは別に考量する必要があろう。

自由通商できないから膨張しかない

北岡寿逸『失業問題研究』という本が、日米開戦の三ヵ月後に出ている（一九四二年三月二十日発行、有斐閣）。原稿を書いたのは開戦前だろう。

これを読めば、当時の一知識人にとって、アジア太平洋戦争は知的に納得できるものだったことが分かる。自由通商論は一つの論理として、自らの主張を裏返すかたちで、「自由通商を求める。しかるにそれは海外の関税障壁のためできない。しかたがないから日本の膨張を肯定する」という道筋をたどったのだった。そこには、日本が通商で生きていけないという絶望と、もう膨張しかないという捨て鉢な開き直りがある。

〈日本が何らかの形において国外の自然の富源を利用し得る間は、生活程度の低下（あるいは従来に比し、あるいは外国に比し）によって増加し行く人口を支持して行くであろう。しかしながら世界の大勢は漸次、自給経済・ブロック経済に向かわんとするにあるし、国外の自然の富源の利用ということはその半面に世界の市場に進出することを意味し、日本が生活程度を低くして世界市場に進出することに対する世界各国の反感と圧迫とはすこぶる強い。世界におけるこれらの傾向の改まらぬ限り、日本は漸次、国外の自然の富源の利用が困難となり、ここにおいて日本は漸次、失業か生活程度低下かという岐路ではなく、人口の絶対過剰に陥って、餓死か膨張かという岐路に立つ。既に無主の領土のない現時において膨張は何を意味しようとも、餓死か膨張かの岐路に立った日本が印度や支那のように餓死に甘んじていようとは考えられないから、日本の向かうべき途は――世界及び日本の状勢の改まらない限り――発展膨張の外に考えられない。かくてわが国の失業問題は、即ち生活程度問題、即ち人口問題であって、その解決は領土の膨張となる。満州事変以来の日本の動向はこの見地に立ってのみ、合理的に解釈さるべきものと思う。満州事変以前にこの形勢を洞察したトムソン及びクロッカーは卓見であると同時に、冷静に時勢を見るものの当然考える所を率直に言ったに過ぎないのである。〉

ここに出てくるトムソンとは既述の人口学者トンプソンである。この北岡の発言をみても、戦後のGATTなど自由通商への努力がいかに大切かがわかる。

6　第一次大戦後の欧州がはらんだ困難

敗戦ドイツを憂慮したケインズ

ドイツのナチズムは、第一次大戦後の状況をひき継いだ結果なので、それがどんな状況だったかを見ておきたい。そのための絶好の資料はケインズ全集第2巻『平和の経済的帰結』（東洋経済新報社）である。ケインズは学究としてその後の思想的遍歴があったけれども、一九一九年の時点で、第一次世界大戦前と直後の世界がこの著作のように見えたことは確かだ。それはその後のヨーロッパの動乱を予言する。

パリ講和会議でベルサイユ条約が締結されたが、その条約による平和はドイツの粉砕をめざした「カルタゴの平和」であり、ヨーロッパが経済的に一体である以上、その帰結はヨーロッパ全体の破滅であるということを、この著書は明晰に論証した。ちなみに、古代ローマがポエニ戦争でカルタゴを破ったあと、カルタゴ滅亡を企図して広大な領土割譲と巨額の賠償金を課したが、そのように敗れた敵国を滅ぼすことをめざした平和が「カルタゴの平和」である。

一九一九年にこの本を出版したときケインズは三六歳。自身による序文はこうのべている。〈本書の著者〔つまり私〕は、戦時中、一時、イギリス大蔵省に所属し、一九一九年六月七日まで、パリ平和会議におけるイギリス大蔵省の正式代表であった。また、最高経済会議にも、大蔵大臣代理として出席していた。平和条約の諸条項の草案に実質的変更を加える希望をもはや抱きえないことが明らかとなるにおよんで、著者は、これらの地位を辞任した。〉自分がなぜ、その平和条約に反対するかを記したのが本書である

ケインズが反対するのは、そのドイツへの途方もない賠償金によってである。いくら敗戦国とはいえドイツ国民にそんな仕打ちをするのは道徳的な悪である、ヨーロッパ中部の大きな人口を、食べることさえできない状況におくことは、正義に反するだけでなく、その結果かならずや広い地域が不安定となって、次の動乱を引き起こさずにいないだろう。そう主張するケインズの義憤をみれば、「正義」とは絵空事ではなく、それに反すればかならず悲惨な報いがあるような、実効的な裏づけのある概念なのだと納得させられる。

たとえ経済学がなくても、ケインズはその正義感だけでベルサイユ条約に反対したであろう。次の一節は有名である。〈ドイツを一世代にわたって奴隷状態におとしいれ、何百万人という人間の生活水準を低下させ、一国民全体から幸福を剝奪するような政策は、おぞましく、また憎むべきものである――もし仮にそれが可能だとしても、もし仮にそれがわれわれを豊かにするとしても、もし仮にそれがヨーロッパの全文明生活の荒廃の種を播かないとしても、おぞましく、また憎むべきものである。〉

なんと並はずれた人口増加

この本は第二章「戦前のヨーロッパ」を描くにあたって、第一に「人口」の要因を挙げる。ヨーロッパは、アメリカという巨大な農産物供給基地を得、また植民地での農業技術改善があり、ロシアからの穀物輸入と相俟って、安心して食糧による束縛をはなれて人口を増大させられるようになった。人口的に、農産物を生み出す大地から離れたのである。歴史を人口（および食糧）という観点からながめるなら、通常の歴史テキストに書いてあるのとはずいぶん違った光景が見えてくる。

〈一八七〇年には、ドイツは約四〇〇〇万の人口をもっていた。一八九二年までに、この数字は五〇〇〇万に増加し、一九一四年六月三〇日には約六八〇〇万になっていた。戦争直前の何年かの年平均増加数は約八五万人であり、このうちの取るに足らぬ部分だけが国外に移住していた。〉一九一四年六月二八日にボスニアでサラエボ事件が起き、これが第一次世界大戦の引き金となった。

それにしてもドイツの人口は大戦まえの四四年間に、四〇〇〇万から六八〇〇万へと一・七倍に増加した。これがみな食わねばならないのだから容易ならぬことである。食のためには職が要る。その職は、工業化による商品輸出によって得られる。〈現在の情況を理解するためには、われわれは、ゲルマン体制の発展が、中央ヨーロッパをなんと並外れた人口の密集地へと転化せしめえたのかを、はっきり把握しておかなければならない。……この同一の大人口は――というのは、今次の戦争ですら、その人口をさほど減少はさせなかったのだが――、もし生活の手段を奪われたとすれ

ば、ヨーロッパの秩序にとっては以前とほぼ同様の危険として留まり続けるのである。〉

以上がケインズの第一次大戦まえのヨーロッパにたいする見方であり、その延長上に、のちの第二次大戦勃発をも置くことができる。トンプソンの考え方にきわめて近いので、あわせて注目しておきたかった。

ケインズは、ドイツが第一次大戦を始めた直接の理由については、こうのべている、〈狂気じみた迷妄と向こうみずの利己心に駆られて、ドイツ国民は、われわれすべてが、そのうえで生活し、事物を築きあげていた基礎を、覆してしまった。〉戦争の狂気は第一次大戦ではまだ利益追求の要素がつよく、第二次大戦時よりも窮乏の裏づけが少なかったかもしれない。ケインズの見方を後述のレーニン『帝国主義』の見方とつき合わせたい。ケインズとレーニン、人口と資本、この両面から見たときにはじめて事態が十全にとらえられる。

逼迫した状況がナチズムの狂気を養った

ケインズは、一九一九年五月一三日にブロックドルフ＝ランツァウ伯が提出したドイツ経済委員会の報告書を引用している。過去二世紀のあいだに〈ドイツは農業国から工業国に姿を変えた。農業国として留まっていたあいだは、ドイツは四〇〇〇万の住民を養うことが可能だった。工業国としても、ドイツは六七〇〇万の人口に生存手段を確保することができたが、その結果、一九一三年には、食料の輸入が、概数で、一二〇〇万トンに達していた。戦前には、ドイツの総

計一五〇〇万の人びとが、外国貿易や、航海業や、直接間接に外国産原料の輸入によって生活していた。〉

しかし戦争と、ドイツの粉砕を意図した平和条約の結果、ドイツは原料を輸入できなくなり、工業が破滅し、ドイツは〈何百万という住民に、パンと仕事を与えることができなくなるであろう。これらの人びとは移住しなければならないのであるが、これは事実上不可能であり、……したがって、平和条約の諸条件を実施に移すことは、論理的に、ドイツの数百万の人びとの死を意味することになるであろう。〉

賠償金はのちに若干緩和されたとはいえ、ナチズムの狂気はこういう逼迫した状況の中ではぐくまれたのだった。正しいやり方は、そういう状況をつくらないことであった。ケインズは明晰に、その方向の選択を主張した。たぶんに経済が人間の行動を決めるけれども、その経済の条件をつくりだすのは人間なのである。

ケインズはヨーロッパ諸国民の「連帯」を主張する。これは理想主義にもとづくというよりも、それを失くしたときにどれほど悲惨な状況が到来するかを、現実主義的に考慮した結果なのである。〈しかし、どれだけのことが耐えられるのか、あるいは、不幸を免れるために人びとが最後にどのような方向を求めるのかを、いったい誰が告げえよう。〉

ケインズの主張は第一次大戦後には受け入れられなかったが、その主張は第二次大戦後に巨額賠償金を課するか否かという決定には影響したであろう。

革命は人口増加から――ロシア革命、フランス革命、明治維新

　戦争と人口の関連について見たが、革命と人口の関連もある。戦争と革命はコインの両面なのである。ケインズはロシア革命にたいして人口論的な見方をした。人口急増はロシアでもドイツ以上であった。〈ヨーロッパ・ロシアは、ドイツをも上回る規模で人口を増加させた――一八九〇年の一億人未満から〔第一次世界〕戦争勃発時の約一億五〇〇〇万人に、である。〉こういう事実はふつう、歴史の本には書いていない。〈歴史上の大事件は、しばしば人口成長の長期的変化や他の基本的経済要因に基づいているのだが、その緩慢な性格上それらは同時代人の注意にのぼらないので、政治家の愚行や無神論者の狂信の所以にされている。そのようなわけで、ロシアの過去二年間の異常事態、すなわち、最も安定だと思われていたものをも……覆してしまった、あの社会の大激変〔ロシア革命〕は、レーニンやニコライ帝よりも、増大する人口という深い影響に基づいているのかもしれないのであり、あの民族の法外な増殖力のもつ破裂力の方が、因習の絆を破砕するに当たって、観念の力や独裁政治の諸失策よりも、いっそう大きな役割を演じたのかもしれないのである。〉ロシア革命の背後にあった人口急増、それは表面的には失業者の増加として現われたであろう。

　フランス革命の背景にやはり人口急増があった（河野健二・樋口謹一『フランス革命』河出書房新社、一九八九、による）。はじめにイギリスで農業上の技術革新があった。牧草栽培、輪作経営、農具の改良などがあり、それによりコムギ等の農産物の生産が増加し、食生活改善とあいまって

人口が増加、都市の工業人口が増えた。イギリスの人口は一七〇〇年に六〇〇万、一七五〇年に六五〇万、一八〇一年に九〇〇万にふえ、人口革命といわれるほどだった。そうした変化がフランスに飛び火した。フランスの農業生産は進展し、それに応じて人口がふえた。一八世紀以前は人口が停滞、多くて一八〇〇万だったが、一八世紀中に約六〇%の人口増加があり、革命の年には二六〇〇万人だった。人口増加分はおもに家内工業者や職人だった。パリのコムギ価格が、不作の影響もあって値上がりしてピークに達した一七八九年に、フランス革命が勃発した。フランス革命時、フランス人は一種の狂気状態だったのであろう。中江兆民がそういう意味の論評を書いている。こうしてみると、人口過剰要因は対外戦争だけでなく、国内の革命をも誘起するのだ。革命とは大衆による不平等と階級の打破である。

日本の明治維新のさい人口はどうだったか。S・B・ハンレー、K・ヤマムラ『前工業化期日本の経済と人口』（ミネルヴァ書房、一九八二）によれば、明治維新のとき、〈全国人口は、一七二一年から一八四六年まで〔の一二五年間〕に、〔公式数字によればわずか三%上昇したにすぎないが、それに対して、維新においてもっとも重要な役割を果したとずっと考えられている薩摩、長州、土佐、肥後の四つの藩からなる地域の人口は三〇%上昇した。薩摩だけの人口の増加は六二%、また〔長州藩の〕周防は六五%であり、これら二つの地域を北海道を除く最高の人口増加地域としている。〉

まことに人口こそ歴史の黒幕である。この人口増加の勢いが明治以後は全国化して、昭和へとなだれこんでいく。

人口圧が外にむかうか、内にむかうか。戦争か革命か。その分かれ目を何が決定するのかが一つの問題点である。フランス革命の二年後、国内の混乱に手を焼いた議会は、国内の圧力を内乱から戦争へ振り向けようとした。〈ジロンド派のひとりが告白したように、「革命を使い果すこと」、すなわち革命的エネルギーを戦争の中で消耗させることが必要であった。〉（河野）そうしてみると、エネルギーの発散を内から外へと政策で切り替えることも可能らしい。レーニンの場合は逆に、「戦争を内乱へ」というスローガンをかかげた。

7　戦前日本の食糧——国会会議録から

国会会議録にみる人口と食糧

国立国会図書館が現在、「国会会議録検索システム」を利用に供していて、戦後分の第88回〜第92回（昭和20年9月〜昭和22年3月）帝国議会会議録、そして第1回国会（一九四七年五月）からのすべての国会会議録、を閲覧することができる。これは膨大な記録であり、使い方しだいで宝の山となりうる。戦後数年分の質疑応答をかいまみると、目前の食糧危機をどうのりこえるのかといった緊急事案、また戦後日本の進路、たとえば食糧は自給路線をめざすのか、それとも工業を発展させて食糧輸入路線でいくのかという選択をめぐって、じつに真剣な討議をしていて感銘をうける。

ここでは戦前日本の人口過剰と食糧、そしてそれと密接にかかわる台湾・朝鮮・満州などの植民地にかんして行なわれた質疑応答から、印象的なデータをピックアップしてみたい。発言者たちの戦時中のふるまいがどうであったか、大政翼賛会に所属していたか、などはあえて問わず、その発言に資料的価値があるかだけを基準にしたい。

次の発言の前半にあるような日本の自画像は、当時ごく一般的だったようで、議事録には似たものが多数みられる。そのころ北海道の開拓と、海外移民が大きな話題となり、議会でのやりとりも多い。

〈ご承知の通り敗戦国日本は、朝鮮、台湾、南樺太、南洋を喪失致しまして旧版図面積の四四％を失うに至ったのであります。しかも中国、満州の旧勢力より駆逐されまして、今日わが日本はまことに領土狭小にして、人口過剰の状態であります。しかもその人口の密度たるや、世界各国にその比を見ざる状態でありまして、ここに重大なる人口、食糧問題の解決が横たわっているのであります。しからばこの一大難関たる所の人口、食糧問題を解決するには、結局はわが日本においては民主政治の再建と国土開発に営々たる努力を致し、而して世界に信用を回復しなければならぬのでありまして、この人口、食糧問題の解決には、海外移住という問題が起って来るのでありますけれども、現下の国情においては遺憾ながらなし得ないのでありまするが故に、どうしても原始産業たる所の農業立国か、あるいはこの水産立国に俟たなければならぬということは言を俟たないのであります。〉(昭和21年09月21日衆院、宇田国栄)

二割の食糧が不足、食糧自給率は八割

戦前の日本は食糧不足だったというけれど、いったいどのくらい不足だったのか。いくつかの発言を合わせると、約二割の不足であった。〈日本の物資というものは大体これは不完全でありながら、戦争というもののために非常に減ったのであって、戦争のない今日においては、食糧問題においてやはり約八割の自給力があります。〉(昭和21年07月26日衆院、国務大臣・河合良成)

二割の不足は当時の常識だったようだ。〈我々は無謀なる戦争によりまして、朝鮮、あるいは台湾、あるいは南方あるいは南樺太を失いまするし、また一方におきましては推定七五〇万人の海外引揚同胞の帰還、あるいは従来わが国におきましてその勢力範囲でございましたるところの中国、あるいは満州、南方、これらの勢力範囲から優先的に食糧その他重工業用資材でありまするとか、その他の資源を獲得することを失ったのであります。したがいまして今日わが国の国民が生活して行く上におきましては、食糧の上におきましては約二割の食糧が足りないことはご承知の通りであります。〉(昭和23年03月04日参院、小林英三) 推定七五〇万人が、戦時中は海外で生活していたことにも注目しておきたい。

米にかぎれば約一割六分の不足であった。〈戦前のわが国における米の生産の五箇年の平均を

とってみますと、日本の生産が六七〇〇万石、朝鮮から移入をいたしておりましたのが八五〇万石、台湾からのが四九〇万石、……この五ヵ年の平均をとってみますと、わが国における消費量が八〇一〇万石になるのであります。八〇一〇万石というものを、その当時の人口の平均七〇〇〇万人にこれを割り当てて見ますと、一人が一石一斗四升ということになります〉（昭和22年11月28日衆院、国務大臣・一松定吉）

私が子供のころは、人間は主食の米を、一人一年に一石食べる、と聞かされた。ここに「石」という単位がでてくるが、一石は一八〇リットルの体積。これを重量にすると、玄米で一五〇キログラムである（『食料需要に関する基礎統計』による）。こんな発言もある、〈かつての昭和十一、二年ごろには、朝鮮、台湾から米が、千三、四百万石くらい入っておりました。これはトン数に直しますと、ちょうど二〇〇万トンくらいに当るのであります。そのほか台湾の砂糖が一〇〇万トンないし一二〇万トン入っておりました。〉（昭和24年05月12日衆院農林委員会、開拓局長・伊藤佐）

別の資料から食糧自給をみる

日米開戦の前年、一九四〇（昭和一五）年にたいする『第五十九回大日本帝国統計年鑑』は「内地の米需給額（農林省調査）」をかかげている。米消費額に対する米輸移入額合計の比率を、昭和一〇（一九三五）年からの五年間でみると、一九％、一九％、一五％、一九％、一二％となっており、平均は一七％。つまり米の自給率は約八三％だった。人口一人当たりの米消費額は平均で一・〇七石であった。昭和一四年でみると、内地の米生産額（前年分）は六六〇〇万石、朝鮮より五七〇〇万石、台湾から四〇〇万石、その他の輸入が一六万石となっている。米の生産額は年により豊作・不作の変動がおおきい。

昭和一三年の朝鮮での米生産額は二四〇〇万石、人口が二三〇〇万人だから、一人一石とすればちょうど適当な額だが、その中から五七〇〇万石（五七〇〇万人分）が日本に移入されたのである。不足の一部は満州から粟を輸入しておぎなった。その量は一九三六（昭和一一）年で一四万七千トン（一一四万石）。

毛色のかわった統計として大井篤『海上護衛戦』（学研M文庫）は、食糧自給率は八割だと言い、米国戦略爆撃調査団による報告書にもとづいた表を掲げている〔この資料は国会図書館がマイクロフィルムとして保管〕。それによると、米だけに限った場合、一九四〇年一一月〜一九四一年一〇月までの一年間の、海外からの輸入量は二五一万トンであり、他方、一九四一年の国内生産量は八二四・五万トンであった。これによれば国内生産の比率は七割七分である。海外からの輸入は海上輸送路が米軍に攻撃されるとともに途絶えていった。

『食料需要に関する基礎統計』の昭和一四（一九三九）年度の統計をみると、穀類（米・小麦・裸麦等）の国内生産量は一三八三万トン、外国貿易による輸入量は二〇二万トン、輸出量が六二万トン、在庫から六〇万トン。結局、国内消費仕向量が一五八三万トンで、穀類の国内自給率は八三％である。あと、輸入量が大きなものには大豆など豆類九三万トン（自給率四一％）、砂糖類一二八万トン（自給率三二％）がある。穀類・豆・砂糖の輸入量をあわせると四二三万トンとなる。一人当たり供給熱量が二〇七五・四キロカロリー。熱量での自給率はざっと八割となる。つまり二割は海外に依存。魚介類三七四万トンを国内生産しているのは日本の特徴である。

植民地からの食糧で食って来た

次の発言者、東畑精一は東京大学農学部の教授で、委員会でのこの証言は学術的でくわしいものがある。戦前の日本人が、どうやって食って来たかをのべる。〈それでも内地だけではそういうこと〔自給〕ができませんので、結局植民地というものへ相当の依存をいたしております。先程も申上げましたように米につきましても多いときは朝鮮と台湾から千五百万石ぐらい来ましたですか、まあ千二三百万石というところですが、砂糖が台湾から百万トン持って来る、満洲から大豆を七十万トン、八十万トンですか持って来る、あるいは鳥〔鶏〕の餌その他百万トンぐらい持って来るとか、まず直接の食物および食物代用物というのですか、飼料なんか入れて四百五十万トンから五百万トン近いものを持って来て、戦前我々はあのように食って来た、そういう農業になっておりました。〉〈戦前ですらあのように、食うためには四百何十万トンの物を入れなければならなかったというのが日本なんでありますが、戦前に比べて人口だけでも千二百万くらい殖えている今日において、よほど国内で生産の増加ということをしなければ、輸入ということをですね、

私は防ぐことが勿論できない。〉（昭和25年02月07日参院農林委員会、証人・東畑精一）
これまでの議論から次の二点がわかる。第一に、戦前日本は必要食糧の二割が不足であった。これは人口にすればざっと一千数百万人分の食糧不足となる。第二に、工業立国できない以上、不足食糧を獲得するために、朝鮮・台湾・満州という植民地を必要とした。このように概括できる。

みんなが八割しか食べなければ

日本の食糧の不足分が二割だからといって、食糧が輸入できなければ二割の人間が死ぬ、ということには必ずしもならない。みんなが平均して摂取カロリーをふだんの八割に減らせば、生き延びられる計算だ。吉田茂はこう回想する（吉田茂『回想十年』新潮社、一九五七）。〈この食糧危機について思い出されるのは、最初私は総司令部へ行って、四百五十万トンの食糧の輸入がないと、餓死者が出るということを農林省の統計数字に基いて陳情した。ところが初年度には七十万トンの輸入で、どうやら済んで、別に多数の餓死者も出なかった。それで総司令部側では、日本の統計数字が出鱈目だといって、盛んに攻められた。……マッカーサー元帥までが日本の数字の杜撰なことをせめるので、戦前にわが国の統計が完備していたならば、あんな無暴な戦争はやらなかったろうし、またやれば戦争に勝っていたかも知れないといって、笑ったことがあった。〉
これは冗談好きな吉田の軽口だったと信じる。終戦直後の日本では多数の国民が食糧調達に苦労して、空腹をこらえながら生きたのだ。戦時中の一九四二（昭和一七）年に食糧管理法が成立して主要食糧の供出制度・配給制度が確立し、その体制が戦後も継続して、農家から自家必要分以外の食糧を強制的に供出させ、また配分の均等化をはかった。農家の自家必要分も、（私の実家がそうだったが）収穫高を正直に申告すれば、必要に満たない分量しか認められなかった。ヤミが横行したのも事実だが。

敗戦四ヵ月後の国会での発言が、戦後の窮迫のさまを伝えている、〈必要量の半分にも足らないわずか二合三勺の食糧すら食わしてやるという当局の確言は与えられないのであります。夜な夜な殺人強盗は各所に出没し、帝都というに日暮れたらもはや歩けぬという物騒な状態になりました。……今や所々に餓死者が出で、いわゆる栄養失調にかかる者は都市生活者のほとんど全部といっても差し支えないのであります。各人は国家どころではない、理想どころでもない、人生最後の生命保持に汲々たる有り様であります。むろん当局は餓死を免かるる策としましては、開墾、干拓あるいは農地調整等にあらゆる増産の手は打たれました。あるいはまたマッカーサー司令部に懇請して三百万トンの食糧輸入にも努力を払われておりますが、……〉（昭和20年12月15日貴族院、秋田三一）

私は小学校低学年のとき給食で、アメリカから無償支給される脱脂粉乳を大きな食器に一杯飲んでいた。

8　産児制限が満州問題への解答

避妊技術の発明

マルサスはその二つの公理の一つに〈両性間の情念〔つまり性的欲求〕は必然である〉とのべ、そうである以上、出生が不可避であることを自明の真理と考えた（マルサス『人口論』中公文庫より）。しかし避妊技術の発明によって、それまで不可分だった性欲と出産の間の結びつきが切れることになった。これは人口の歴史にとって画期的なできごとだったし、人口が歴史変動におよぼす影響力を思えば、人類の歴史にとっても大きなできごとだったといえる。トンプソンはその認識をこう語る、〈私は産児制限（妊娠調節）を人類の大発見の一つだと考えている。それは、火の発見、印刷の発明または通信および工業に対する電気の応用と等しく大なる影響を人事に及ぼすであろう。……それはやがて歴史の進路を全然変更するであろう。〉

産児制限や避妊という考え方は、その唱道者がマルサスから直接影響をうけていなかったとしてもマルサス思想の圏内である。避妊技術の発明とその普及が、出生率の低下に決定的な役割をはたした。一方では人口が増加して対外戦争への圧力をつよめ、他方では避妊技術の普及によって人口増加率を低下させて戦争への圧力をよわめた。戦前の日本では、この二つの動きが先陣あらそいをしていたといえる。結果的に日本では、ついに後者が前者に追いつかなかった。

細見三英子「あらしの性」(『20世紀特派員』第三巻、扶桑社、二〇〇一所収)によれば、コンドームの〈国産第一号は明治四十二年(一九〇九年)の「ハート美人」。昭和九年(一九三四年)にはマレーシャ産の天然液状ゴム(ラテックス)製の薄い商品が開発され、生産は飛躍的に伸びる。戦時中は「突撃一番」などのブランド名で月百万個が軍に納入されていた。現在、国内年間生産は一億個強、六割が国内消費で、残りは輸出されている。〉コンドームの生産が飛躍的に伸びたのは昭和九(一九三四)年以降であった。ちなみに日中戦争が昭和一二年から、太平洋戦争が昭和一六年からだ。避妊の普及は遅きに失した。

サンガーと加藤シヅエ

産児制限運動の創始者はアメリカのマーガレット・ヒギンズ・サンガー(一八七九―一九六六)である。その動機は、つたない堕胎をふくめて性にふり回される女性の悲惨さを救おうというところにあった。その主張は、まず猥褻行為を禁止するコムストック法違反でサンガーが投獄され、また強い宗教的反対にあったが、だんだんと社会の賛同を得ていった。

日本では加藤シヅエが一九一九年、二児の母であった二二歳のとき渡米してマーガレット・サンガーに邂逅し、のち日本での産児調節と婦人参政権の運動を展開することになった。だが当時の政府は富国強兵策により人口増をめざしていた。日本で避妊が本格的に普及するのは第二次大戦後のことであった。一九四八年、優生保護法が制定されて不妊手術と人口妊娠中絶とが認められ、一九五二年の一部改正により中絶が経済的理由でもよいことになって、年間、百万件を越す人口妊娠中絶が行なわれるようになった（優生保護法は一九九六年に母体保護法と名を変えられた）。

加藤シヅエは一九三〇年代の前半に全米講演旅行で「満州問題とバースコントロール」と題して、〈人口過密が帝国主義と戦争を引き起こすのです。海外移住より出生率を下げることが、満州問題に対する解答として、よりかなっていると思います。〉と講演した（細見三英子「あらしの性」）。

産児制限の運動では山本宣治（山宣）もいる。彼は苦学して東大で生物学をまなんで同志社・京大で「人生生物学」を講じ、一九二二年サンガーの来日に触発されて産児制限運動をはじめた。二五年「産児調節評論」を創刊、性教育の本もだした。彼は二八年、労農党の国会議員となって治安維持法を批判し、二九年、右翼の男に暗殺された。

産児制限の普及は戦後

避妊法以外の近代化はもっぱら人口増加につながる要素ばかりだから、近代化は避妊法とワンセットにして導入するのが理想的である。日本ではこれの導入・普及が遅れてしまった。もっとも人口学者トンプソンに言わせれば、たとえ避妊技術が知られていても、経験的にいって出生率が下がるのは工業化・都会化・富裕化によるのであって、工業化以前の家族主義がつよい社会ではだめだということなので、結局、たんなる避妊技術の問題ではなく、当時の日本がまだ本格的に工業化していなかったことこそが、高出生率が続いた真の原因ということになるのであろう。

矢内原『人口問題』はそのあたりの心理的事情を容赦なくあばいている。避妊は直接的には心理による。何が心理に影響するのかが問題である。〈未開社会にありては人口抑制の心理的基礎は単純なる生活難の恐怖であったが、近代にありてはむしろ生活享楽の欲求にあるであろう。近代産児制限の心理的原因は少なく生みて良く育てんためというよりも、むしろ少なく生みて安易に生活せんがためである。……子女の養育には多額の費用を必要とするに至りしのみならず、年長ずるまで彼らは労銀を得来たらず、従って単純に失費の原因である。……且つ婦人の社会的地位の変化もまたこの点に大なる影響を及ぼす。〉

戦前日本ではまだ人々が、生活を享楽する状況ではなかったのであろう。

戦後の国会においても、産児制限は大きな論題となっている。類似した多数の討議から一つを選んでみる。〈ご承知のごとく、昭和六年に六千五百万でありました日本の人口は、今や領土は半減せるにかかわらず、すでに八千万を超え、近く九千万の人口になろうとしております。その上、出生率は未曽有の増加で、しかも一方ペニシリンその他の衛生施設の向上により死亡率は激減し、年々生れる人口は三〇〇万、人口の純増加は一六〇万にも及ぼうとしております。産児調節の問題は厳粛なる宗教的ならびに倫理的問題をも内包しておりますことは十分に承知しておりますが、敗戦祖国の如何とも抜け道のない悲惨な現状を考え、今後生れ来る子らの将来を考えま

すると、今や真剣にこれが対策を考究せねばならぬところに来ていると思います。〉（昭和24年04月07日参院、帆足計）

産児制限については、普及の努力がだいじだという発言も多い。次のは「優生保護法の一部を改正する法律」をめぐっての発言である。人口問題の〈根本的の解決といたしましては、何と言いましても産児制限に俟つよりほかにないと思うのであります。子供を産む、それがための貧乏をなくすために、やはり産児制限が正しく行われなければならないのでありまして、……産児制限に関する正しい知識、正しい指導にまたねばなりませんとともに、これら貧困なる人々に対しては、産児制限に必要なる器具または薬をただで与えるというような方向に進むべきであると私は考えるのであります。〉（昭和24年05月22日衆院、青柳一郎）

こうした議論が国会でさかんに行われたこと自体が、産児制限のたいせつさを国民に知らせる効果をもったであろう。避妊や産児制限の重要さを社会に周知させたことは、マルサス系運動家の大きな功績だった。その成果として、社会がマルサス的（人口急増的）でなくなったのである。

なお、人口学者トンプソンは戦後、ＧＨＱの人口部門アドバイザーとして来日し、避妊を勧めた。国会会議録にはトムソンとかタムソンの名で登場する。〈今年の一月から三月ごろまで日本に来られて、人口問題、移民問題を研究しておられた米国の人口学者……トムソン博士……が本年三月わが国を去られますときに日本の人口問題の解決は、日本人個人が自主的にやる妊娠調節以外に道はない。さしあたり移民の問題については諸般の政治的な考慮もあったと思いますが、従来のような

積極的な意見は表明せずに帰られたわけであります。〉（昭和24年11月09日衆院、琵琶島英二）

9　戦後日本の人口問題解決――産業立国とアメリカ

裕福になれば貧しさを忘れる

現在からみると戦前日本の苦境は、感覚的に理解しにくい。なぜか。この理解しにくさは一にかかって、戦前日本は人口過剰的世界、つまり食うのに困る世界であったのに対して、戦後日本は非人口過剰的世界、つまり食うのに困らない世界になったせいである。戦後は状況が変わった。端的にいえば裕福化した。食うのに困らない人間が、食えない人間に冷淡なのは、情況を実感をもって理解できないからでもあろう。戦後四年目の国会でもこんな発言があった、〈そこで戦争が済んだら、その当時は大分日本の国民も食糧に関心を持っておったと思います。ところがアメリカの援助物資によって、また忘れた。そうなるとまた薄れた。もし一朝事があったらどうするのか。〉（昭和24年05月17日、参院、岡村文四郎）

なぜ戦後は状況が変わったのかというと、その理由は、まず世界が変わり、それに乗じて日本が変わったからである。世界の変化、その最たるものはアメリカである。アメリカが変わった。アメリカは初めから戦後のようなアメリカではなかったのだ。極論すれば、アメリカが変わったから日本は食べていけるようになった。アメリカは昇る龍、日本はその背にのる子供であった。われわれはアメリカの戦後の変貌ぶりを見なければならない。

アメリカの本格的開花は戦後のこと

戦後日本の貿易相手国アメリカ、そのアメリカの産業が全面的に開花するのは戦後になって以降である。第二次大戦の開始後、アメリカでは国をあげての生産体制の確立、国民の動員、諸技術の開発、産業の拡大があって、戦争経済が盛り上がった。戦争に大勝したあと、疲弊したヨーロッパを尻目に、アメリカは「黄金の五〇年代」「繁栄の五〇年代」を享受した。それ以前にもアメリカ経済は大規模だったし潜在力は抜群であったものの、アメリカの圧倒的な経済力が目に見えるかたちで花開いたのは戦後であった。

戦後五年目の一九五〇（昭和二五）年六月に朝鮮戦争が勃発して丸三年つづき、日本はその特需景気（朝鮮特需）がカンフル剤となってようやく景気が上向き、経済浮上のきっかけをつかんだのだった。ソ連・中国という共産勢力の台頭に対して日本を防波堤にすべく、アメリカが日本抑止政策から日本経済復興政策へ切り替えたことも幸いした。日本経済が上向いて工業化が進展したその結果として、日本はアメリカ経済のダイナミズムのなかに参入を果たすことができた。その参入によって日本は生きる道がひらけたのだ。それが現在にまでもつづいている。

戦後日本の食糧輸入、その相手国はなんといってもアメリカである。そのアメリカにおいて、大規模農業が本格化したのもまた戦後になってのことだ。その一つの例証として、オガララ帯水層を見てみたい。以下の記述ではアメリカの信用できそうな多くのホームページを参照した。くわえて、やや古い資料ながらTIME誌の"Ebbing of the Ogallala", Time, May 10, 1982が今でも有益である（TIME誌のホームページから見られる）。まだデータが不十分な点もあるが、これらからおおよその傾向が見てとれる。

オガララ帯水層による灌漑農業

アメリカ中西部、ロッキー山脈東方の大平原、グレートプレーンズは、今日でこそアメリカの大穀倉地帯だが、そうなったのはおおむね第二次大戦後のことだ。一九三〇年代には、スタインベック『怒りの葡萄』が描くような砂塵吹きすさぶ荒野だった。その荒野が農地になったのは、地下水を汲み上げて散布する灌漑によってである。一般に地下水は、全米の農業で使われる水の三八％を供給している。

その辺りの地下にはグレートプレーン帯水層があるが、その八〇％はオガララ帯水層と呼ばれる、南はテキサス州から北はサウスダコタ州にまで南北に広がる地下帯水層である。これは一〇〇万年ないし一〇〇〇万年前に、当時の雨水が砂利や泥によって封じこめられて形成された化石帯水層で、その面積は三八万平方キロメートル、日本の国土面積の一・二倍。その全水量は五大湖中第二であるヒュロン湖とほぼ等しい。オガララ帯水層による灌漑地は約四〇〇万ヘクタール（二〇〇キロメートル四方）におよび、これは全米の灌漑地の五分の一である。アメリカで市場に出される、穀類による（牧草によらない）畜産の牛肉の四〇％がここから出ている。

化学肥料・農薬・機械化による大規模農業が本格化したのは第二次大戦後であるが、とくにオガララ一帯では、戦後に発達した高性能ポンプで地下水を汲み上げ、センターピボット（中心旋回散水機）によって水を散布し、飛行機で農薬を散布するというスタイルで大規模生産を行なってきた。戦前にはこの辺りは、第一次大戦時の増産で、荒地を広大な農地にしたのはいいが風食がひどく、ときにダストボウルと呼ばれる土埃りの嵐が農民を恐れさせたのだった。

この帯水層の本格的利用は一九三〇年代にテキサスで始まった。今日、計一七万個以上の井戸が使用されて、徐々に地下水位が下がっており、二〇二〇年までには全水量の二五％がなくなると予測されている。もし枯渇したとすれば、もう一度満たすためには六千年もかかる。つまり現在は、地質学的な遺産を食い潰していることになる。九八年夏にテキサスなどアメリカ南部をおそった旱魃で、とうもろこしが大被害をこうむったが、被害が大きくなった一因は地下水の枯渇であった。

南西カンザスでの典型的な井戸では次の三段階をとった。一九三〇〜一九五〇では灌漑が少なかったため、水位は一定だった。一九五〇〜一九八〇では増大する灌漑のため水位低下が速く、その間、毎年一〇フィートの速さで水位が下がった。一九八〇以後は、水位の低下がやや鈍っている。その原因は、降雨量がやや多かったこと、散水技術が進んでより細かく撒けるようになったこと、エネルギーの価格が上昇したことである。

オガララ一帯が大穀倉地になったのは、戦後に高性能ポンプが開発され、それで地下水を汲み上げて灌漑するようになったからだ、という点に注目したい。大々的な豊かさは第二次大戦後のことなのである。なお、こうした農業はけっして持続可能ではない。

農薬、緑の革命

農薬も戦後だ。アメリカでは第二次大戦後、DDTに代表される殺虫剤や農薬が大々的に使用され、イナゴ等が駆除されて収穫量が増えた。これは大きな変化だった。

私の子供時代は戦後すぐのころ。農家なので、父母の農作業を見ながら育った。肥料は下肥（人の糞尿）や牛糞もつかったが、石灰窒素などの化学肥料は物心ついたときからあった。農薬の始まりははっきり覚えている。私が小学四年、一九五四（昭和二九）年のころである。パラチオンという農薬を、父母が農協で購入して、毒だから絶対にさわるなと子供に厳命しつつ、こわごわ使い始めた。

それまでは田んぼに無数のイナゴがいたが、それ以後、田んぼのイナゴは絶滅した。それと同時にツバメがほぼいなくなり、また夏の夕方、空をおおうほどいたコオモリが姿を消した。のちにレイチェル・カーソンの『沈黙の春』（原作は一九六二）をみて、自分の体験と重なるのを感じた。

しかし、それで害虫がいなくなり収穫が増えたのだから、人々が農薬を使用したのは当然だと思えた。

開発途上国の戦後の農業については、「緑の革命」が大きなできごとだった。これは多収穫品種を導入し、たくさんの肥料と農薬、そして多量の水を投入して収穫をふやすものである。インドでは緑の革命により、一九七〇年代後半から九〇年代にかけて稲・小麦の生産量がふえ、穀物輸入国から輸出国に転じるまでになった。もっとも近年では塩害など、それによる環境破壊がいわれて改善への動きがある。

以上のような地下水による灌漑、化学肥料と農薬、品種改良。こうした食糧増産法はあくまでも第二次大戦後に現われたものである。そういう生産法のイメージをそのまま戦前にまで遡って適用するのは誤りだ。

ちなみに常識的なことながら、戦前と戦後で経済の規模がどのくらいちがうか。目安として世界の一次エネルギー消費量の推移をみたとき、石油換算で、一九二〇年が一〇億トン。第二次大戦後にはグラフがぐっと上昇して、一九七一年は五五億トン。二〇〇二年には一〇三億トン。つまり約八〇年間に一〇倍となった。その間、人口のほうは一九二〇年に一八億六千万人、二〇〇〇年には六〇億六千万人（国連統計）と、八〇年間に三倍強。単純比較だが、エネルギー消費量のほうが三倍まさる。

そんな背景のもとに戦後日本の本格的な工業化があり、その工業化によって貿易の見返り物資が生産できた。そして世界には日本が購入できる食糧があり、またＧＡＴＴなど貿易自由化への努力があった。こうして戦後世界の産業や経済秩序の著しい発展により、物資生産の増大カーブが人口の増大カーブを超過して、人口魔は表面上、姿を消したのだった。その超過がつづくかぎりは、人口魔は鳴りをひそめているだろう。

10　肝要なのは産業と経済

見返り物資の生産

吉田茂は、デモクラシーは富める国の産物なり、と言った。この認識からすれば当然なように、吉田は戦後日本の進路として「経済」をとった。何よりも当面、国民は食糧入手に困っており、国際的強奪が否定された以上、何とかして「見返り物資」をつくって貿易によって食糧を輸入しなければならない。そのためには経済を再建し産業を発展させなければならない。その線上に健全な民主主義国家も成り立ちうる。これは現在からみればあまりに自明な方針と見えるのだが、当時においては自明とはいえない一つの選択肢であったろう。当時は現在よりもずっと左右のイデオロギー的対立が大きかったことを思えばとくにそう言える。

吉田茂が首相に就任したのは一九四六（昭和二一）年五月であったが、別の人による次の発言はその五ヵ月まえのもので、似た認識が幅広くあったことがうかがえる。

〈農業だけで吸収し得る人口というものは相当の限度のあることも既に定論のある所でございますので、わが国の今後の産業のあり方と致しましては、食糧を輸入致しまするための見返り物資の生産、これが輸出のための貿易というようなことに食糧増産と同じ重点をおいて、農商工の均整のとれた産業のあり方をとって行かなければならぬと考えている次第であります。〉（昭和20年12月15日貴族院、政府委員・小暮武太夫）

また、科学技術の重視という考え方は、ひとつには敗戦への反省として出てきた。科学技術を重んじないから敗けたのだ、と。しかしこれが産業振興のためにも有用であることは早くに認識されていた。その種の発言をたくさんある中から二件みておきたい。

〈この度の敗戦の大きい原因の一つはお話のごとく全く科学技術の発達奨励ということが足りなかったことであります。私もその点は深く痛感致しているのでありまして、何とかこの点に対して革新の方法をとらなければならないと考えているのであります。〉（昭和20年12月14日貴族院、国務大臣・男爵幣原喜重郎）

〈科学技術なる用語は大東亜戦争中戦力増強のための所産でありまするが、この言葉の持つ意義こそは国を救い、国を興し、国を富ましむる方途を現わすものでございまして、時の平戦によりその重要さに何ら径庭はないのでございます。否、今日のごとき国歩艱難なる時期におきましては、科学技術の振興昂揚ほど大切なことはないと存ずる次第であります。〉（昭和20年11月29日貴族院、子爵・河瀬眞）

吉田茂首相の進路選択

そうした方向性があるなかで、一九四六（昭和二一）年五月、日本自由党総裁であった吉田茂が、選挙をへずに首相（勅命による最後の首相）となって内閣を組織し、昭和21年06月21日に貴族院および衆議院において施政演説をおこなった。その冒頭には、「臣茂」と称して天皇への崇敬の念をもちつづけた吉田の真情が感じられる。

〈不肖今般図らずも大命に拝しまして内閣を組織致しました。誠に恐懼に堪えない所でございます。ただ渾身の力を捧げて御奉公を致す覚悟でございます。御承知のごとく今日わが国は誠に容易ならぬ事態に際会致しております。「ポツダム」宣言の趣旨に沿うて民主主義的平和国家の建設という大事業を控え、また目前の問題と致しましては速かに食糧問題を解決しなければならないのであります。〉

そこで何よりも大事なのは産業と経済である。〈目下のわが国におきまして最も肝要なることは産業の復興、生産の増強であります。その基礎をなすものは生産意慾の昂揚であります。かくて初めてインフレーションの防止も出来るのであります。よって現内閣はこの目途の下に産業界及び金融界を終戦後の事情に即応して速かに整頓し、今後の国民の鞏固なる経済活動の基盤を確定することとし、民主主義的にして新たなる希望に燃ゆる産業の勃興を促し、民需生産の増加を図ることにあらゆる努力を講ぜむとするのであります。〉

ここにみるように、「最も肝要なることは産業の復興、生産の増強」なのであった。この方針において吉田の信念はかたいものがある。

輸出のための産業――白洲次郎の意図

上に出た「見返り物資」という考え方は、日本が食糧を手に入れるために、食糧と交換できる工業製品を生産しなければならない、というものだ。食糧の入手先は何よりもアメリカである。それが単純化すれば、日本はアメリカに工業製品を売って、その代金でアメリカの食糧を買う。それが日本の生きる道である。この基本路線は、戦後日本の出発点のところで設定された。

昭和二三（一九四八）年一〇月、第二次吉田内閣が発足したとき、吉田の懐刀といわれた白洲次郎が貿易庁長官に就任し、商工省を改組して通産省を誕生させる中心人物となった。その白洲の考え方は、〈産業を復興させて行くには輸出マインドに徹底しなければ駄目だ、石炭や食糧をアメリカから買うためにも、輸出を積極的に推進することを使命とする役所に商工省を改革して行かなくてはならない。〉〈商工省というのはだいたいが産業行政でしょう。産業行政があってそこに貿易行政がある。日本の戦後というものはそれじゃやっていけない。輸出行政があって産業行政があるんだという建て前に、ものごとの考え方を直さなくちゃいかん。〉というものであった（青柳恵介『風の男　白洲次郎』新潮社）。

多大な人口をかかえる日本が食べていくには、産業があって輸出があるというのではだめだ、輸出のための産業でなければならない、と白洲は言う。このようにして産業立国を方針とする戦後日本が出立した。おりよくととのった国際的環境のなかで日本丸が船出し、日本における人口魔は当面、人々の視界から消えた。

戦前日本の人口要因については以上とし、つぎの第Ⅲ部では格差・階級要因について検討したい。同じ富の量でも格差があれば貧しい者がよりふえる。貧困問題にとって格差は重要な関係があるのだ。その格差や階級は、資本主義の機構から生じると多くの人が信じた。これは貧困の資本原因説、ひいては戦争の資本原因説である。

第Ⅲ部 原始資本主義と農村の格差・階級

1 人口過剰は資本主義の責任か？

階級格差による貧困

戦前の日本が貧困だったといっても、貧しさは社会に満遍なくいきわたっていたのではない。貧困は社会のなかでマダラだった。多数者は貧しく、たほう少数者に多すぎる富が集中していた。たんに富が偏在したというだけでない、貧富の格差は「階級」という社会的身分差を生んだのだった。つまり戦前日本には階級魔が黒々ととぐろを巻いていた。

戦前日本では、増大する人口に比して食糧が不足し、それが貧困と対外膨張をもたらしたが、そういう社会全体の貧困を見るだけでは不十分であって、もっと社会の内部構造に立ち入って、貧困の分布構造を見る必要がある。そのとき階級が見えてくる。いつの世にも格差はあるとはいっても、その程度のひどさと社会的な広がりを見なければならない。

階級の存在は、社会的な不平等なので非難に値するだけではない。階級の存在によって、貧乏人の貧しさがよりひどくなり、それが対外膨張に輪をかけたから、なおいっそう罪が重いのである。この第Ⅲ部では格差・階級について検討したい。これは都市では資本主義制度と、農村では地主–小作制度と関連している。

先にふれた矢内原忠雄『人口問題』は、じつは貧窮問題にたいして、人口過剰が原因ではなく資本主義が原因だと主張するものである。ここではこの本の後半部分を検討しよう。矢内原はマルクス主義を信奉するというよりも、日本の現状を公平にみたときマルクス思想的な説明が妥当する、という述べ方をして、その解決の方向としてマルクス的な非資本主義社会をもってきている。

本書の筆者である私はといえば、特定の主義思想は持っていなくて、ただ先の戦争の真因が知りたい、どうやら貧困が原因だったようだからその貧困の原因を知りたい、と考えている。戦前の矢内原と私の違いは次の二点にある。一つは戦後共産圏の人権破壊的なありさまを知っていること。もう一つは、戦後の資本主義社会が多少とも社会主義的な要素をくわえてその苛酷さをやわらげた事実を知っていること。その二つから、共産主義が資本主義に代わる解だとは、とても言う気になれないのである。

ここでは矢内原忠雄『人口問題』の後半部分をいとぐちとして戦前の資本主義を検討し、さらに地主–小作制度が支配した農村をながめたい。貧困にたいする「人口と階級」両要因の関わり合いが、最も注目したい点である。

省力化によって貧困増大

はじめに矢内原によるマルクスの要約から見ておこう。マルクスは貧困の原因が人口ではなくて資本主義だと主張する。とくに機械化が労働者を不要とする、と言う。

〈カール・マルクスは、社会における貧困の原因を人口に求め、従って貧困除去の途として人口抑制を主張せるマルサスおよび彼の追随者に対し決定的に反対した。マルクスは貧困の原因を資本主義的社会組織内部における資本蓄積の過程そのものに見出した。資本主義の下においては、労働者は資本が雇用する限りにおいてその職を与えられ、従って賃金を与えられ、従って生活資料を買い取ることができる。しかるに資本は直接には利潤を目あてにして活動するものにして国民の生活維持を目的にするものではない。……資本主義的生産の下においては失業は不可避たるのみならず、資本の蓄積に伴い機械力の応用進み、そのために社会総資本の雇用し得る労働者数は相対的に益々減少する。かくて資本主義下においては貧困は不可避であり且つ増大する。従ってその根本的除去策もまた論理上明白であると。以上がマルクスの主張の大要であった。〉

人口増加の資本主義原因説

矢内原は近代に人口が急増することじたいが資本主義に原因すると言う。〈明治以後におけるわが国人口の歴史は資本主義的発展の需要に応じたる顕著なる増加そのものである。〉資本主義が労働力を要請するから、それに応えるために人々は人口を増やした、と言う。〈労働者……の労働条件は資本家的営利計画の下に規定せられた。彼らの死亡率が高率を示すに至りしは当然である。即ち資本主義はプロレタリアートの個々分子が速かに消耗しつつ、その総数の著しく増加し行くことを要求したのである。多産多死の人口現象はかくして特定の社会制度の規定であった。〉機械化工場が幼児労働をもとめたこともあった。

西欧における人口増加率の減少もまた資本主義の変質と連動している。西欧諸国が帝国主義化してアジアに進出すると、そこの人口が増加した。〈しかるに資本主義の発展が独占化するに従い、国内労働人口増加に対する資本の要求は比較的に小となる。且つ労働者階級の自覚団結もまた進みたるが故に、これに対する搾取程度は減ぜざるを得ない。欧州諸国が独占的資本主義段階の進展と共にその人口増加率を減じ、多産多死の状態も改められたるは、これがためである。そして益々大なる資本蓄積の要求は今や眼を国外に転じ、帝国主義の旗幟の下に植民地もしくは資本主義的後進国の開発に向ったのである。アジア、アフリカ、アメリカにおける諸地方……その結果はこれら諸地方の一般的人口著増、無産階級の造成とそれへの人口集中、および多産多死の現象となった。〉

その説の真偽の検討

矢内原のこの説は正しいか。私は疑う。近代初期の人口増加は、近代化のせいではあっても、資本主義化（つまり多数の企業が活動すること）のせいではあるまい。政治的・社会的に近代化して以降の人口急増は、それまでの停滞社会における人口抑制メカニズムが壊れたことからくると考える。基底には商工業よりも、農業生産の改良・収穫増がある。それを医学・公衆衛生の進歩がささえる。

日本の正式な人口統計は明治五（一八七二）年からはじまったが、その初めから人口は増加をはじめている。その最初の五年間の人口増加率をみると、〇・五一％、〇・四八％、〇・四六％、〇・六八％、〇・八九％、という経過をしめしている（国立社会保障・人口問題研究所の統計資料から）。年間二〇～三〇万人の増加だ。明治初期で、まだ資本主義の普及以前のことであるから、この増加が資本主義のせいだとは考えられない。

近代初期の欧州では、まず農業の改善があり、それに触発されるかたちで人口増加がはじまった。収奪型資本主義によってではない。初期アメリカでは欧州の束縛からのがれた人々が、二五年で倍増という増え方をしたが、それは農地がいくらでもあったからだ。また、毛沢東の共産中国では人口が急増したが、これは資本主義が原因ではない。現代のイスラムの人口急増が資本主義のせいかは疑問だ。こうした多くの例をみれば、人口増加・資本主義原因説は全面的には信じがたい。

ただ、貧困が産児数をふやすという現象はある。貧乏人の子だくさん、という。老後の保障を子供に求めることがある。また、貧困による絶望から生活設計への意欲をなくすことがある。初期資本主義のもたらした貧困が、そんな傾向を助長した面はあるだろう。矢内原はその典型として、イギリスに征服・収奪されたアイルランドの惨状を記している。

承服できない論理展開

矢内原は言う、いくら人口が増えても、みなが職を得て収入があればなんら問題はない。多くの人が失業するから人口増加が重大化するのだ。失業は社会制度が、具体的には資本主義制度が原因である。真の問題は資本主義にあるのだ、と。

その言明をひきだす際に（『人口問題』一七一ページ）、つぎのように述べる。この重要なポイントが、はっきり論理の誤りだと私には思われる。〈例えば大正一五年におけるわが国の出生数二一〇万人、死亡数一一五万人、出生死亡の差増九五万人といえば、そのために生じたる人口の自然増加数はことごとく初歳の乳児である。初歳の乳児が九五万人増加したりとて、それが大正一五年の労働市場に何等の影響をも有し得ないことは明白である。もちろん人口の自然増加は労働の供給に何等の関係なしというのではない。しかしながら仮に一五歳を以て労働生活に入るものとせば、本年度人口自然増加の影響が労働市場に現わるるは今より一五年後でなければならない。そしてこの一五年間に経済界の事情は如何に変動し、従って労働事情が如何に変動するやも知れないのである。……現在の労働の需給に関しては自然増加はたとい百万人というとも無意義〉であると矢内原は言う。私はこの推論に承服できない。

肉体的人口でなく、労働者の人口に注目しよう。すると、この時代には毎年一〇〇万人弱の人口増加がつづいていたから、本年の労働市場に一〇〇万人弱が新たに参入するわけである。それらは一五年前に生まれた人たちであろうが、そのことはこのさい関係ない。その人たちは農村ではもう農地を得られないので都市に出てくる。都市では今年分、一〇〇万弱の新しい働き口が生成されねばならない。これが毎年つづく。

仕事はモノ作りが基本だが、工業化水準は西洋に劣り、関税障壁によって商品市場は得にくい。原料は国内に乏しいのに、国外では国際情勢からして獲得しにくい。そこへ毎年毎年一〇〇万人近くが新たに労働人口にくわわるのである。それに応じて毎年一〇〇万の仕事を新たにつくるといっても難しかろう。失業者がふえて当然ではあるまいか。それを資本主義のせいだといって済ませられるのか（あるいは自己責任だといって済ませられるのか）。この人口内圧が対外膨張に向かったとしても不思議でない。

大きな人口増加がつづくときには、たとえ保護主義のない国際環境であっても、可能な資源や市場にはどうしても限りがあるから、大量の新規雇用創出をつづけるのは難しいにちがいない。

ちなみに中国では近年、毎年八〇〇万をこえる人口増がある。二〇〇七年三月五日の全人代（国会）で温家宝首相が演説して、社会の安定の基礎となる雇用の創出目標を年間九〇〇万人以上とし、都市部の失業率を四・六％以内に抑制する、とした（朝日）。一年後の二〇〇八年三月九日、田成平・労働社会保障相は全人代で記者会見し、都市部で新たに雇用を必要とするのは、新卒者や継続的失業者ら一年間で計二四〇〇万人だが、一年間で約二〇〇〇万人分の就業のめどが立たないと述べた（産経）。つまり一年間で四〇〇万人分の雇用しか用意できない。必要（九〇〇万）と現実（四〇〇万）の間に年間にして五〇〇万の差がある。現在の中国は共産主義というよりも原始資本主義にちかいが、その失業をすべて社会制度の責任にするのは無理があるだろう。原因は人口要因にある。

失業者の群れは産業予備軍となって就業者にもはげしい競争とストレスをしいる。そうやって社会の内圧がたかまっていく。国連の中位予想では中国の人口は、今後一〇年ほどたてば毎年の増加が六〇〇万人台に下がるが、二〇三〇年ころまでは、高齢化しつつも人口は増加しつづける。中国のこの人口圧力はどこへ向かうのだろうか。怖れてよいと思う。

食糧があるのに買えないのは社会制度が悪い

上記の論理展開に私は承服できないが、ただ、昭和前期までの人口増加が、資本主義の対外侵出と軌を一にしたことは事実である。そこには人口と資本の連携プレーがあったのではないか。もうすこし矢内原の言うことを聞いてみたい。

矢内原が資本主義の悪をいう決定的な根拠は、次の点にある。植民地から調達した食糧ではあっても、とにかく食糧は国民に十分なほどにある。それなのに国民の一部が失業して飢えるのは、社会制度が悪いのだ、と。

食糧があるのに食べられないのは買うカネが無いからで、これはたしかに、問題は食糧ではなくて社会制度のほうである。同意せざるをえない。ただその社会制度がイコール資本主義かには疑問がのこる。

矢内原はこう述べる。食糧供給はある、しかも将来にわたって。〈食糧、はたして不足か。近年の人口激増の声大なるにかかわらず、現実には食糧の供給は果たし得て余りあるものと言わねばならない。もちろんこの供給は自然に行われたるものではなく、耕地拡張、品種改良、植民地産米奨励、および、外国穀物輸入の便宜取扱等の結果ではあるが、今日まで可能なりし食糧供給をば近き将来において不可能ならしむべき事情の存在を認むることは出来ないのである。〉米はむしろ余っているのだ。〈現に本年(昭和二年)は内地産米豊作の予想により米の供給過剰・米価下落をおそれて、政府は八月には米および籾の輸入税を復活し、さらに最近には米の買上げを決定したではないか。……問題の中心点は他に存するのである。〉他とは社会制度、すなわち資本主義である。

不足しているのはカネを得るための仕事である。〈しかるに社会には現実の生活難が無いのではない。失業、就職難、労働争議、小作争議等に現わるる現実的不安と苦痛こそ、近年の現実的恐怖の本体である。食糧の欠乏ではない。食糧を購うべき所得、所得の源泉たるべき仕事の不足もしくは欠乏である。……如何に社会に食糧は豊富であっても仕事が欠乏すればその食糧を自己の消費に充つることは出来ない。〉〈現実の社会苦は生活資料の欠乏ではなくして産業の不振であ

り、人口増加率ではなくして失業者の増加である。〉

第一次大戦後、日本でも世界でも不況がつづいて、職が不足した。その間、日本の人口がふえつづけ、そのために悪いのは人口だと思われた。だが人口と無関係に失業は生じるのである。そのことは欧米をみれば分かる。欧米では人口増加が緩和しているのに、失業者がふえているのである。〈人口増加率の減少、商工業・海運業の発達、企業集中に基づく経営の合理化と技術の高級化・労働能率の向上等が失業を防止するに無力なることは、これら一切の条件においてわが国よりも先進国たる欧米諸国における失業の激烈なることを見ても知らるべきである。〉

そもそも資本主義の発展とともに失業は増大してきたのだ。機械化・省力化によってである。〈機械は労働の節約である。資本主義の歴史は機械の採用に始まったということは、すなわち失業者の出現によりて始まったというに外ならない。〉だから悪いのは資本主義だと矢内原は言う。一理をみとめねばなるまい。すくなくとも、利益を資本家が独り占めするような資本主義は、悪いといえよう。

思うに、もしほんとうに食糧が十分あるのに食えない人々がいるのなら、ルーズヴェルト米大統領（一九三三—四五）のニューディール政策のような、政府の強力な介入による雇用創出や所得の再分配がひとつの解決法となるのだろう。真に豊かなかつてのアメリカではそれが可能であった。これは必ずしも純粋資本主義か共産主義かという二者択一ではない、第三の道である。この方法はまだ時期的に、矢内原には知られていなかった。ただし、この方法が戦前の日本にどこまで有効に適用できたかは、別途検討されねばならない。

三〇〇万人の失業者

戦前社会の失業について調べておきたい。一九四二（昭和一七）年出版の北岡壽逸『失業問題研究』には、一九二一―一九三九の世界各国失業者数の表がでている。そのなかの日本をみると、本当は月によって異なるが、一九三〇年に五五万七千人、世界恐慌発生から三年後の一九三二年末に失業者数はピークに達して七四万三千人である。この前後に日本は昭和恐慌で（一九二九年から三六年ころまで）、都市にも農村にも惨状がひろがった。ちなみに、一九三一年の満州事変、一九三二年の満州国建国の背景にはそうした状勢があった。

ここにでた失業者の数はじつは建て前の数字である。失業者の多くが農村にかえって潜在的失業者となったが、その分が入っていない。隅谷三喜男編『昭和恐慌　その歴史的意義と全体像』（有斐閣、一九七四）はこうのべる、〈失業者の数は一九三〇（昭和五）年五月で三七万八五一五人、失業率は五・三％と報じられていた。これに対して『エコノミスト』誌は、失業者について次のような推定を試みている。……一二〇万ないし一三〇万人をもって、三〇年上期末の失業者数と推定している。このような推定はその後いくつか行なわれたが、一二、三〇万という数字は、いずれかというと低目と考えられ、風早八十二などは三〇〇万を妥当な数字と記している……ここには比較的信頼しうる調査結果として、日本銀行『労働統計概説』から雇用者指数をとると、……三〇年の雇用労働者総数を七〇〇万とすると、それだけで失業者は二〇〇万をこえる計算となる。新規供給を加えれば、三〇〇万という数字もあながち誇大な数字ではないことがわかる。〉労働者は農村出身者がおおく、彼らは失業すれば農村に帰った。しかし農村にはもはや余った農地はなかった。〈労働市場への労働力の流出は、農家の二、三男層と若年女子を中心とする形態をとるようになった。したがって、恐慌に際して、政府が奨励し、雇主が期待したのは、失業者の帰農であった。……事実、解雇労働者のかなりの部分は農村に帰ったのである。……だが、農家は本来的にこのような失業者を扶養していく能力を欠いていた。恐慌期には農村人口は多少増大をみている。だが、その大部分はふたたび失業の待ちうける都市に還流していかざるをえなかった。〉（隅谷）

軍隊は農家の働き手をうばったといわれるが、他方では軍隊は、農村過剰人口にたいする失業対策という側面も持っただろう。

矢内原は失業を説明するのに「産業予備軍」というマルクス主義の用語をもちいる。産業予備軍すなわち相対的過剰人口の形態は三種ある。①市況の景気に応じて吸引もしくは排出せしめられる正規の熟練労働者。②農村過剰人口。前述のようにこれは日本の家族制度に関係して、農村の次・三男が都市に出て就職し、失業すると帰って農業をする。だが十分な農地はない。潜在的失業者である。③いわゆる自由労働者（日雇労働者）。

この第一や第三は現代日本でも近年、広く見られるようになってきたので、他人事とはいえまい。企業が景気の好不況におうじて労働者を必要なときに雇い、不要になればクビにする、そのためのプールが産業予備軍である。今の日本でいえば契約、派遣、日雇い派遣、アルバイト、パートなどの非正社員がそれである。産業予備軍の存在が労働力の需給関係によって正社員の待遇をも引き下げるはたらきをする。

富の分配は階級による

人間は物理的に存在するからといって、経済的にも存在するかは別問題である。大阪では、カネがないのはクビがないのと同じというが、資本主義のもとでは、人間はカネがなければ存在しないのと同じだ。〈資本主義制の下においては欲望の存在あるのみにては、これに対する生活資料の供給は行われない。必ずや貨幣を提供し、購買力の存在することを示さねばならない。欲望は購買力を伴いて始めて需要となる。……商品生産は需要に対して始めて行われるのである。例えば多数の人口が飢餓に迫りたりとてその理由によりては当然穀物の生産は行われない。〉

カネを得られるか否かは生産した富をどう分配するかによる。分配は階級関係によって決まる、つまり資本家が多くをとる。社会が富んでいるか貧しいかといっても、階級別に見なければ正しい把握ができない。〈生産せられたる富の分配が社会制度によりて決定せらるることは一層明白であろう。資本家および労働者の購買力はその所得により、所得は階級的分配関係によりて定まる。……資本家は濫費するほどに生活資料が豊富であるとも労働者はこれに欠乏することがあり得る。有り得るのみならず実にこれこそ資本主義社会の常態である。生活資料の豊富または欠乏は正確には階級的に区別してこれを見るを要する。そしてこれを必要ならしむるものはこの社会制度の下における特定の分配関係である。〉

問題は生産せられた富の分配にこそある。その分配が階級で差別されるのなら階級を廃絶するしかない。矢内原は結局、日本の窮状を解決する道は制度の変革しかない、と結論する。変革に必要なのはただ自覚である。そこにいう新興階級とは労働者階級、東洋とは被植民地化されたアジアである。〈多数の人口の集中は多数の富の集中よりも強い、ただそれが自覚さえあれば。近代文明の頽廃を革正し人類を堕落より救う力は、これを頽廃者自身より期待することはできない。要求を有し希望に満つる新興階級の進取的精神こそ将来の文明の担当者でなければならない。そしてこのことは国際的関係においても類推せられ得る。……起てよ新興階級、光れよ東洋。汝等こそ人類将来の指導者たるであろう。〉

学者としての矢内原は、特定イデオロギーを盲信して熱狂するタイプのようには私には思えない。だからこの文は、彼にとっては論理的帰結という意味だったろうと思う。問題は富の分配にある、だから正しい分配がなされる社会制度を確立しなければならない。かくて、社会制度の変革、それが当時の困難にたいする矢内原の解決案であった。

階級の存在が解決すべき重大問題の一つであったことは間違いない。解決すべき唯一の問題だったかには異論があるとしても。またその解決方法が暴力革命だけかは異論があるにしても。

2 資本の侵略性

商品の輸出から資本の輸出へ

戦前日本を理解するためにレーニンの『帝国主義』をみたい。彼の理論は、あの時代を解析するのに有効である可能性がある。断っておきたいが、マルクス主義を医者にたとえるなら、私はその資本主義への〟診断〟と〟処方箋〟とを分けて考えたい。その診断には見るべきものがある、しかしその処方箋は誤りだ、と考える。というのは、私は基本的人権の考え方をよきものと思うのだが、これは日本国憲法にあるように「すべて国民は、法の下に平等」であって、職業や社会的身分、出身・門地によって差別があってはならないとする。それに対してマルクス・レーニンの「プロレタリア独裁」の考えは、職業や出身・門地によって人間を差別するものであり、基本的人権とは相容れない。とうてい受け入れられるものではない。しかし処方箋と切りはなせば、その診断のほうは聞くに値する。また逆に、診断がよいからといって処方箋まで鵜呑みにしてはいけないと思う。

戦前日本が朝鮮・台湾・満州を侵略したのは、経済的観点からいえば、原料を買って製品を売る「市場」を求めてという動因があった。国民の貧しさによって国内市場には購買力がなかったので国外に市場をもとめたのだ。だがそういった純・市場的な要因に加えてもっと積極的に、資本の侵略性という要素があった。つまり国内にハケロのない資本が、国外で経済的利権や収奪をもとめて「政治的支配」をめざす、という動因があったと考えられる。あの時代のそんな資本のダイナミズムを、レーニンの著書『帝国主義』はよくとらえている。一九一七年に刊行されたこの本は、第一次世界大戦（一九一四—一八）の原因の一部をよく説明する。

資本主義には好不況の波があり、不況時に大資本が中小資本を淘汰・合併して独占資本化し、中産階級が没落して社会が二極化していく。その独占資本は更なる利潤をもとめて国外へ向かう。その時代の資本主義を特徴づけるのは、この著書の第四章の題名ともなっている「資本の輸出」である。第四章の初めにこう言う、〈自由競争が完全に支配していた古い資本主義にとっては、商品の輸出が典型的であった。だが、独占が支配している最新の資本主義にとっては、資本の輸出が典型的となった。〉〈資本主義が資本主義としてとどまるかぎり、資本の過剰は、その国の大衆の生活水準をひきあげることには用いられないで——というのは、そうすれば資本家の利潤をひきさげることになるであろうから——国外へ、後進諸国へ資本を輸出することによって利潤をひきあげることに用いられるであろう。〉（引用は岩波文庫、宇高基輔訳より）

先に本書第Ⅱ部で、第一次大戦にかんするケインズの考え方をみたが、レーニンの資本論的な観点にくわえて、ケインズの人口論的な観点を併せもったときにはじめて、真理を十全にとらえうるのではあるまいか。どちらか一方だけでは不十分である。

鉄道が支配の指標

レーニンの本は、第五章「資本家団体のあいだでの世界の分割」、第六章「列強のあいだでの世界の分割」、第七章「資本主義の特殊の段階としての帝国主義」というふうに資本主義が世界化していく過程を追う。その第七章でレーニンは、資本による植民地支配の一つの指標として鉄道に注目している。鉄道は現在の日本では旅客の輸送がもっぱらで、貨物の輸送はトラックによるが、以前の鉄道では貨物の輸送も重要な仕事だった。

〈世界経済における資本主義と金融資本の発展速度の相違にかんするきわめて正確な資料を、われわれは鉄道統計のなかにみいだす。〉そうのべてレーニンはドイツの統計を元にした表をかかげて、こう言う、〈したがって、鉄道の発達は、植民地とアジアおよびアメリカの独立国（および半独立国）とで、もっとも急速に進行した。〉

レーニンの示唆にしたがって、われわれも日本の植民地の鉄道に注目したい。まず岩波日本史辞典から。台湾では一九〇八年に台湾鉄道が全線開通。これは基隆・高雄間の縦貫鉄道で、当初は軍事輸送に利用されたが、やがて一般営業をはじめ、〈石炭、砂糖、米、肥料など貨物輸送の比率が高く、台湾を日本の食料・原料供給地として、日本の経済圏に組み込んだ。〉朝鮮では一九〇〇年に京城―仁川間の京仁線が開通、朝鮮総督府には鉄道局がふくまれていた。樺太では一九一一年に縦貫鉄道が完成、それ以後も開発をつづけた。

満州では日露戦争後、一九〇五年のポーツマス条約で日本はロシアから東清鉄道（ハルビン・旅順間）を獲得、これを運用するために満鉄（南満州鉄道株式会社）を設立、〈満鉄の事業は交通、鉱工業、調査、拓殖、関係会社経営の五部門にわたり、交通・鉱工業部門を中心に満鉄コンツェルンを形成した。〉長春から大連港までの満鉄本線は、満州の物資を日本へはこびだす幹線であった。

鉄道にかんして、大正九（一九二〇）年三月発行の『殖民地要覧』（拓殖局）によれば、朝鮮においては大正八年に、京釜線および京義線を幹線として全線延長一七七三キロメートル。台湾では基隆より打狗にいたる縦貫鉄道を中心とする官設鉄道が全延長五五五キロ、現在起工中のものあり、私設鉄道が各種とりまぜて一二九六キロ。樺太では大泊から東海岸栄浜にいたる幹線が九三キロ、他に予定線あり。満州では大動脈である南満鉄道が全延長一一一三キロ、そのうち本線は大連から北長春にいたる全長七〇四キロである。支線は一二三キロ。その一つ安東から奉天にいたる安奉線は〈満韓連絡上最も重要の鉄道なり〉。他に、長春から吉林にいたる吉長鉄道が一二三キロ。予定線が吉会鉄道、満蒙五鉄道（計一七八六キロ）となっている。

昭和十四年版『拓務統計』（日本拓殖協会、一九四一年刊）によれば、一九三九（昭和一四）年における国有鉄道と私設鉄道をあわせた営業キロメートルは、内地が二万五〇七四キロ（私鉄は昭和一二年の値）、朝鮮が五六〇〇キロ、台湾が三六九五キロ、樺太では一九三七年に六五一キロ（私鉄は昭和一二年の値）であった。前記と比べれば各植民地で、二〇年の間に大幅に増えていることがわかる。

植民地の鉄道をめぐるこういった状勢は、単なる原料と商品の市場という要素をはるかに超えて〝政治的支配〟という範ちゅうに入っている。

人口と資本の連携プレー

人口増大という局面を終えかけた英仏とは異なって、戦前日本はまだ生物学的膨張が終わっていなかった。日本では金融資本が対外侵出へ向かう衝動をもち、これが国内の人口圧にたいして、対外侵略という道筋をつけた、というのが真相だったと思われる。そこには過剰人口と余剰資本の結合、つまり人口と資本の連携プレーがあった。かつての英仏もそんなふうであったろう。彼我でタイムラグ（時間のずれ）がある。

レーニン『帝国主義』を読んでひとつ感じるのは、人口という要因を彼は重要視しないけれども、それで世界の理解は十全かという疑問である。その本のなかでレーニンが引用している次のセシル・ローズの発言は、期せずして人口要因と帝国主義の結合を示唆している（宇高訳）。

セシル・ローズは一八九五年に親友にこう述べたという、「私は昨日ロンドンのイースト・エンド（労働者街）にゆき、失業者たちのある集会をのぞいてみた。そして、そこでいくつかの野蛮な演説をきき――演説といっても、じつは、パンを、パンを！　というたえまない叫びにすぎなかったのだが――家に帰る道すがら、その場の光景についてよく考えてみたとき、私は以前にもまして帝国主義の重要さを確信した。……私の心からの理想は社会問題の解決である。すなわち、連合王国の四〇〇〇万の住民を血なまぐさい内乱から救うためには、われわれ植民政策家は、過剰人口の収容、工場や鉱山で生産される商品の新しい販売領域の獲得のために、新しい土地を領有しなければならない。私のつねづね言ってきたことだが、帝国とは胃の腑の問題である。諸君が内乱を欲しないならば、諸君は帝国主義者にならなければならない」。

矢内原は第一次世界大戦にかんして、資本と人口の相互作用を以下のようにのべた（『人口問題』）。資本主因説ではあるが、人口も相当能動的にかかわっているとする。〈各国人口の絶対数は急激な勢いで増加し、二〇世紀の始めの一〇年間における年平均ドイツは八五万五千人、イギリスは三五万四千人、イタリアは二二万人を増加したのである。……一九世紀末より二〇世紀にかけての人口激増は、資本主義的生産の大発展の需要によりて喚起したものではあるが、しかしながら激増せる人口を資本主義社会が支持するためには、各国間の帝国主義的競争が深刻化せられざるを得なかった。一九一四年に勃発せし世界大戦は、独占資本主義国の資本蓄積のための闘争であるが、これを人口の上より見れば、資本主義国が資本蓄積によりて増加せしめたる人口を自ら資本主義的に維持する必要上の戦争であったとも言える。大戦勃発の直前において各国特にドイツの人口が未曾有に激増していたことを以て全然偶然視することはできない。〉

資本の過剰と人口の過剰が相伴う。〈一国における資本の蓄積はその対極として無産階級への人口集中を生ぜしめる。……資本過剰は即ち人口過剰である。……帝国主義的戦争は国内資本増殖に基づくものであるが、その対極より見れば国内人口支持難に基づくものとも称し得る。〉

人口－資本連携では、矢内原は資本主導の見方をとる。われわれはマルサス学派とマルクス学派の党派的対立にはくみせず、真実を探求するという態度で、人口問題と資本問題の結合現象に注意をむけたい。そこにはたしかに人口と資本（あるいは階級）の結合がある。

人口と階級の複合魔こそが戦争の真因

貧困魔と階級魔の連携についてもっと検討したい。上田貞次郎編『日本人口問題研究』（協調会、一九三三）は、J・B・コンドリフ氏「極東に於ける人口の圧迫」を抄訳で紹介している。その中でコンドリフはマルサス学派の立場から、人口の圧迫が底流となって見かけの現象として階級対立が激化する、という言い方をしている。人口問題の核心は〈飢餓および貧乏というような積極的制限が終局的に現われ来ることにあるのではない。現代の覇気ある国民にあっては、その点に到達するはるか以前に、人口の資源に対する圧迫の結果、各種の社会問題が重大化することになる。――階級対立、産業の競争、国際的協力等も、これがために複雑化することになるのである。〉

人口増加が労働供給をふやして労働賃金相場を引き下げ、労資の格差を増大させるということは当然あるだろう。マルクスは『資本論』（第一巻第二五章「近代植民理論」）においてヨーロッパとアメリカを比較し、アメリカでは自由に農地をえられるから労働市場は売り手市場となって、資本家は労働者をあつめることができない、ヨーロッパでは買い手市場のため、資本家は思うさま労働者を搾取できる、と言っている。アメリカでは〈今日の賃金労働者は、明日は独立自営の農民、または手工業者となる。彼は労働市場から消え去る、しかし――救貧院へではない。

資本のためにではなく自分自身のために労働し、主人なる資本家をではなく自分自身を富ませる独立生産者への、賃金労働者のかかる不断の転化は、またそれとして、労働市場の状態に全く有害に〔資本家に不利に〕反作用する。賃金労働者の搾取度が見苦しいまでに低いというのみではない〔この表現はマルクス流の皮肉〕。そのうえに、賃金労働者は、節欲資本家にたいする依存関係とともに依存感情をも失ってしまう。〉(岩波文庫、向坂逸郎訳)マルクスはマルサスを罵倒するけれども、この記述においては、人口対資源比の悪化と階級化との関係を、期せずして認めていることになるだろう。

あるいはまた、貧富の格差はつねにあるけれども、全体が底上げされているときはあまり問題にならず、人口増加等によって全体が底下げ(貧困化)してきたときに、富の格差があらためて問題視される、ということがあるだろう。食えない貧困者が富者の取り分にあらためて目をむけて、富の奪い合いが激化するのだ。

近年の例では、韓国・台湾の追い上げや中国の工業化によって地盤沈下した日本は、一九九〇年代には不況に沈んでいたが、形骸化した社会を活性化するためということで規制撤廃や自由化、牽引車論がとなえられて〝小泉革命〟が遂行され、その結果、景気はよくなったけれども社会的格差が増大した。非正社員の若者がふえ、労働分配率も低下した。大学新卒者の就職状況がよくなったのも確かだが、リストラがふえ、正社員の過労もふえた。がんらい資本主義のもとでは、資本側は労働者をやとって賃金をはらうという圧倒的に優越した立場にあり、それを背にして資本家が労働者を搾取していた。その野蛮な資本主義を戦後になって社会主義的要素をくわえてなんとか飼いならしたのに、自由化はその戒めを解いて野獣を野に放ったのだった。ここには、貧困化から階級化へ、という道筋がみてとれる。背景には世界的な経済活動参加人口の増大がある。

どちらが原因で結果かはさておき、人口がらみの貧困化と階級化には密接な関係がある。本書は人口魔と階級魔のペアによる〝死のダンス〟が戦争の真因だと考える。どちらが主導的かというなら私は人口主因説をとる。戦前日本も毎年百万弱の人口増加さえなければ、よほど楽だったにちがいないと思うからだ。

3　農村の状況——地主 - 小作制度

地主が満鉄に投資

農村に目を転じたい。私の生まれ故郷は愛媛県東部だが、戦前そのあたりにも地主制度があった。私の実家のすぐ南側に元・地主の、石垣の上にたつ宏壮な屋敷と白壁の土蔵が見えた（私の実家の地主は別にいたということだったが）。私が物心ついた時は戦後の農地改革が終わった後だったので、そこの主人はもう落ちぶれた老人だったが、地主という制度がどんなに非道なものだったかという話を、私はおりにふれ大人から聞いた。

その地主は座っているだけで土蔵に米俵が積まれ、彼はその金でもっぱら満鉄（南満州鉄道株式会社）の株を買っていた。しかし敗戦ですべてを失った、ということだった。

地主が小作人から年貢米をとり、その米を売って金を得て、その金を満州に投資する、というあり方には興味ぶかいものがある。図式化していえば、地主－小作制度によって地主はあり余る金を得て、その処分先を国外植民地にもとめ、一方、小作料をおさめて食うに事欠いた一部の者が、国外植民地に出ていって生きる手段をもとめる。するとそこにはちょうど自分が納めた年貢が形を変えてやって来ていて、それを食べて生活することができる。図式的にいえばそんな構造になっている。つまり地主制度は、国内の貧困を増加させると同時に、対外侵出をうながす作用をしている。そういうことではないか。このあたりの説明としては、前述のレーニン流の見方が、資本そのものが対外侵略性を持つと述べて、当時の社会の一部の真実をとらえているように思われる。

農民の改革を決意した二人

階級なるもののありさまは都市よりも農村のほうが露骨にあらわれる。カネより米のほうが即物的だからだ。私自身も農村出身のせいで農村のほうが見通しがつきやすい。まず二人の人物の発言をみたい。

元・米国務省日本課長ロバート・フィアリーは戦後日本の農地改革の基礎をつくった人物だが、日米開戦半年まえの一九四一（昭和一六）年六月に来日。その思い出をこう語っている。〈グルー大使夫妻とよく軽井沢へドライブに行きました。車窓から見える農民の貧しさについて大使と話し合いました。車を降りて様子を見に行ったりもしました。農民の貧しさから受けたショックはずっと心に残っていました。〉(NHKスペシャル『土地の履歴書』より)

敗戦直後の時点で、長野県の農民の七割は小作地を耕作。収穫の半分を地主に納めて貧困にあえいでいた。フィアリーはアメリカに戻って国務省で日本の農村を研究、日本の占領政策の立案にあたった。終戦の三ヵ月前にフィアリーのまとめた、日本の農地改革の必要性を訴える報告書にはこう書かれている、〈農民は最も貧しく最も不満の大きい階級である。それ故に軍国主義的宣伝にとりわけ影響されやすかった。強調すべきは小作制度の改革の必要性である。小作制度こそが農民のかかえる困難の主要な原因である。〉

もうひとり。二・二六事件の首謀者の一人でのちに刑死した磯部浅一は、兵士の身上調書を丹念に作って、「みんな貧乏しているんだなあ、可愛そうに、なんとかこれを救う方法はないものだろうか」と涙をポロポロ流しながら同僚の横山忠男に語りかけたことがあった。横山が黙っていると、磯部は突然大声で、「政治だ、政治が悪いんだ。これは政治を正さなけりゃ、貧乏人は救われんぞ」と叫んだ。幼な友達、下瀬諒には磯部はいつも、「貧乏な国民に楽に飯が食える世の中にしてやりたい、俺はその為に革命をやるのだ」と言っていた(須山幸雄『二・二六 青春群像』芙蓉書房、一九八四)。

以上、フィアリーと磯部浅一という、農村の改革を口にした二人をみた。歴史の順序としては、後者が二・二六で失敗したあと、前者がその一〇年後に占領軍という外部的な力をもって農地解放を達成したのだった。日本の内からの改革はついに成功しなかった。その原因は何だったのかという疑問がわく。

上に見たような、人の心をかきむしるような貧困を、統計的数値のうえで捉えてみたいと思う。資料としては先とおなじく国会会議録をつかって他のデータで補いたい。たんなる数値データと比べて会議録にはなんといっても話し言葉の魅力がある。ここでの引用のほとんどは終戦後、アメリカ占領軍（GHQ）が指示した農地改革の関連で、昭和20年9月から22年3月までの帝国議会でなされた討議からである。

戦前農村の概要

帝国議会会議録からうかびあがる終戦直後の農村について、その概要をあらかじめのべておきたい。戦後は海外からの帰国者がいたとはいえ、この記述は戦前日本の農村を大まかに示していると思われる。ちなみに、日本の人口は一九四五年には七二一五万、一九四七年には入国が多かったので七八一〇万であった。土地の広さの単位は町と反である。一反は九九一・七平米。一町は一〇反。一町は約一ヘクタール、つまり一〇〇メートル四方の広さだ。

農家人口について。〈四月二六日を期して行われました所の農林省の農家戸口調査によりますれば、農家人口は三四二四万五千、本邦人口の四割以上を占めております。〉（昭和21年09月10日衆院、井出一太郎）つまり、当時の日本では半数ちかくが農家であった。〈従来わが国五五九万戸の農家〉（昭和20年12月05日衆院、石坂繁）以上二つの発言から、農家一戸あたりの人数は六人強であることがわかる。

別の資料でみる。日米開戦一年前の、昭和十五年版『第五十九回大日本帝国統計年鑑』をみると、昭和一〇年一〇月一日の国政調査で、一世帯ニ付人口は五・一人とある。職業別人口（昭和五年）は、総数が六四四五万人で、有業者が半数弱の二九六二万人、無業者のかなりは子供である。うち農業が一四一四万人（四八％）、工業が五七〇万人（一九％）、商業が四四九万人（一五％）、公務・自由業が二〇四万人（七％）、などとなっている。

農地の広さについて。〈今日の耕地反別が約六百万町歩であります。〉（昭和21年07月29日衆院、森幸太郎）〈農家一戸当りの耕作面積は現在九反八畝歩であります。〉（昭和21年09月07日衆院、森幸太郎）〈一町歩以下を耕作致しておりまする零細農が、実に、農民の七割以上を占めている。〉（昭和20年12月07日衆院、前川正一）つまり零細農が大半であった。

『第五十六回大日本帝国統計年鑑』をみると、昭和一三（一九三八）年において、耕地面積（田と畑）は六〇八万町。うち自作ぶんが三二五万町（五三％）、小作ぶんが残りの二八三万町（四七％）である。農家総数は五五二万戸だから、耕地面積（田と畑）は一戸当たり平均で一・一町である。田だけだと総数で三二一万町、一戸当たり平均で五・八反である。その耕作耕地広狭別の農家戸数をみると、一町未満が六七％を占める。ふつう一町が農家の最低ラインとされるから、零細農家が多いことが分かる。

くわしくいうと、五反未満が一八七万戸、五反以上一町未満が一八一万戸、一町以上二町未満が一三三万戸、二町以上三町未満が三二万戸、三町以上五町未満が一二万戸、五町以上が八万戸、となっている。地主の統計はとくに無いが、これの上位のほうは地主層である。

四百万戸の小作人

その農村では皆が平等に貧しかったのでは決してない。そこには地主－小作制度が存在した。次の発言者・和田博雄は、農林省農政局長から農林大臣になった人である。

〈五町歩以上十町歩未満の不耕作地主が十万戸、一町歩以上五町歩未満の者が三十万戸、一町歩未満の者が八十万戸といったような、とにかく百万戸くらいの不耕作地主が一方にあり、片方に四百万〔戸〕の小作人があります。〉（昭和21年09月10日衆院、国務大臣・和田博雄）つまり、三四〇〇万人の農家人口のうち、その七割の約二四〇〇万人は小作人であった（家族をふくめての人数）。すなわち日本の人口のざっと三割強（三人に一人）が小作人であった。

地主は小規模地主がわりと多かった。〈今の地主はあなたがご指摘のように中小地主が非常に多い。中小地主というものは、ここに一反かしこに二反あるいは三反とばらばらに貸しているのであります。〉（昭和21年08月12日衆院、国務大臣・和田博雄）

ちなみに『日本長期統計総覧』の第3巻には「自作・小作及び専業・兼業別農家数」の統計が

出ていて、その数値は明治の終わりから昭和二一年まで、大きな変化はない。昭和一〇年の農家総数は五六一万戸。うち自作が一七三万戸、自作兼小作が二三六万戸、小作が一五二万戸となっている。つまり自作兼小作と小作をあわせて三八八万戸となる。これは全農家の六九％である。地主にかんする統計は載っていない。『第五十九回大日本帝国統計年鑑』にも地主にかんする統計はない。小作料についての記述もない。

小作料は収穫の五割

小作人は小作料（年貢ともいう）を地主に納めなければならない。それがどの程度だったかといえば、農林大臣・和田博雄は次のように述べている、〈最近は下りまして収穫量の約四四％位になりましたが、中にはまだ五割以上六割、ある所によりましては、これはごく例外ではありましょうが、七割程度の所もあったのでございまして、しかも物納小作料という形において全収穫の半ばを小作人が地主に払っているという状態は、これは日本の農地制度というもの、また日本の農業というものの基礎的な構造としましては、どうもやはり小作者の負担が重い、こういうように考えられるのであります。〉（昭和21年07月29日衆院、国務大臣・和田博雄）

つまり小作料はざっと五割であった。所によってはもっと多い。それも物納である。収穫の半分を地主におさめなければならなかった。大門正克『明治・大正の農村』（岩波、一九九二）はこう述べる、日本の地主制は〈ほぼ一八九〇～一九〇〇年代の時期に確立したといっていい。〉

この時代はまだ〈小作人の農外への移動が困難で、なおかつ小作地の借り受け競争が激しいもとで、地主は高率高額な借地料（小作料）を設定し、そのとりたてをはかった。一九一二年に農商務省が実施した「小作慣行調査」によれば、田の小作料は全国平均で五五％に達しており、小作人は収穫物（米）の六割近くを現物で地主に支払った。〉岩波日本史辞典によれば、（田畑のうち）田の小作料の料率は、一九一五―一九二〇年平均でほぼ五一％。ほかに込米・差米・継米など割増小作料が徴収されることもあった。

この小作料は、西欧とくらべてどうであったか。〈日本の小作料が現物地代としまして、生産高の四割七分を占めておりまする時に、イングランドではわずかに一割一分、スコットランドにおきましては一割八分、フランスにおいてさえも二割八分の小作料しか取っておらないのでありまます。如何に封建的土地所有関係というものが、高率なる小作料を要求しているか。〉（昭和20年12月07日衆院、前川正一）

物納では米価が上昇したときに実質、小作料の値上げとなる。その点、金納のほうがよい。税金は〈明治の改革の場合に、地主の方はご承知のような金納になったが、その時に今日のお企てのように、小作農も金納にしておったならば、よほど今日の情勢は変っておったろうと思いますが、小作料はやはり昔のままの物納を持って来た。近頃その物納の量も昔の五公五民とかあるいは六公四民とかいう、この封建時代の量をそのままに持続しているというような姿、……ある地方に参りまするならば、それに付属して一日あるいは二日、地主の家に手伝いに行くというよう

な賦役制度が各所にございます。〉（昭和20年12月10日衆院、杉山元治郎）

貧しさの度合いはどの程度だったか

先に、耕作する農地が一町（つまり一〇反、一〇〇メートル四方）以下というのは零細農家だという発言をみた。それがどういう意味で零細なのかを探ってみたい。まず主食の米の、一反当たりの収穫高がどのくらいだったかというと、年により所により上下はあるものの、平均にして約二石四斗以下であったようだ。例えば、〈今日農林省は十六年度の一反歩の収穫高を、たしか一石八斗五升という統計を現わされているのであります。この統計たるやまたデタラメが多いのでありまして、……とにかく二石四、五斗穫れるということは政府もお認めになっている。〉（昭和21年07月29日衆院、森幸太郎）この発言は農林省の統計に不信を表明している。

ともかく多めにみて一反で米二石四斗とする。一戸の持ち田も多めにみて一町とすれば、米二四石。これは重量でいうと三六〇〇キログラムである。お米一キログラムの値段はピンからキリまであるが、普通ので一キロ四〇〇円。その値段で三六〇〇キロだと、一四四万円となる。一四四万円、これが一家六人分の年収である。もちろん食費を含む。ただし小作人の場合は収穫の半分を地主にとられるため、その半額で年収七二万円となる。こうした現代との比較がどのくらいの意味をもつかは分からないけれども、目安にはなるのではないか。

ただし、おおくの地方では裏作で麦を作ったりした。また田舎では家は持ち家（家賃なし）のことが多く、水は井戸水、燃料は薪を使った。肥料は下肥（人の糞尿）や牛糞の堆肥も使った。しかし石灰窒素や硫安など金で買う肥料が要るし、農具も要る。数年にいちどは耕作牛を買う金がいる。塩もいるし衣類もいる。わずかな収入からそういった経費を出さねばならない。

硬貨でなく紙幣をもつ者は少数だった。〈紙幣を持っている者は、日本全国から見ますと、五百万戸の農家の中でまことにわずかな、二百万戸に足らない、百万戸そこそこの農家しかないのであります〉（昭和21年08月02日衆院、小川原政信）死にはしないまでも〝赤貧洗うがごとし〟だ。とても人間がまともに生きてゆける生活ではない。もともと土地・対・人口比がわるくて農地が少ないのに、そのうえ小作人は収穫の半分を地主にとられるのである。この状況に対して、人間が持つべき正しい感情は怒りである。私はそう思う。それはたんなる不正義ではなく悪でもある、なぜなら、地主による五割の年貢さえなければ農村の人口扶養力が増して、農村過剰人口が緩和され、そのぶん社会の内圧がへり、戦争への動因が低下しただろうからだ。

地主と小作人の人間的上下関係

地主と小作人との関係はたんなる経済的関係ではなかった。そこには人間的な上下関係ができていた。そのことを指摘する発言がある。

〈きわめて高い小作料、しかも物納の小作料があるのであります。農民は貧困で当然経済の独立がございませぬ。しかもまたそれによりまして生殺与奪の権が地主の手にあるという事実であります。土地の取り上げ等も頻繁に行われました。したがって経済上の独立性が日本の零細農にはないということ、この事はひいて社会的にも、地主と零細農の間におきまして親分子分のような関係があり、親方子方の関係が出来、出入り者のような関係に置かれております。〉（昭和20年12月07日衆院、前川正一）

〈農村の地主は指導者だというが、いかにも優良な指導者もないとは申しませぬ、しかし地主の多くは指導者というよりも、支配者という言葉をあてはめた方が適当でないかと思われる節が多々あるのであります。こういうことで地方へ行くと、地主は旦那である、小作人は出入り人である、主従関係に置かれている……小作人がほとんど従者の立場に置かれているということ、これは事実であります。〉（昭和20年12月10日衆院、杉山元治郎）

地主‐小作人の身分の上下は制度的ではないけれども、自然的に生じて存在した。たんなる貧富の差にとどまらず、それに起因して支配‐従属という人間的上下差まで加わってくるなら、これはまさに「階級」と呼ぶのがふさわしい。戦前日本人の半数ちかくを占めた農村、そこには階級が存在したのである。

ちなみに岩波日本史辞典は「地主制」の項目にこう記している、〈その段階で地主の収取する小作料は著しく高率高額であったため、この地主小作関係を身分制的従属を不可分とする半封建的なものと見るか否かは戦前の日本資本主義論争の重要な争点であったが、戦後の研究では寄生地主（制）と規定した。（寄生）地主制確立の画期については論争があるが、１９００年代に入

る時期と見るのが普通である。〉
それが封建的か否かというのは神学論争のたぐいであってわれわれは関心をもたない。ただそこにはたしかに階級と呼ぶのがふさわしい社会状況があった。そのことを認めたい。

主従共同体

小作人は地主に対してかならずしも〝面従腹背〟していたわけではないようだ。面従腹背とはそれなりに人格的独立をもった人間がする態度である。そうではなく、地主‐小作人は、かつての封建制度下での主従共同体に似た人格的関係であったと思われる。そのことは次の発言からうかがえる。

地主と零細農の間において〈ただ保護と、恩恵と、服従という、いわゆる封建的な言葉をもって致しますならば、きわめて淳風美俗というべきでありましょうけれども、我々の今日の立場から申し上げますならば、何らの対等な、自由な人格というものはそこには存在しないのでありますす。〉〈その彼らの馴致されました服従と隷属の観念は、日本の軍国主義者のために最もよき地盤を作ったのでございます（拍手）〉（昭和20年12月07日衆院、前川正一）

「対等な、自由な人格」が本来的にあって、それが圧制を打破して自らにふさわしい自由な体制をつくるのだ、と人は思うかもしれないが、事実はむしろ逆であって、自由な体制がまず外から与えられて、その後にその体制にみあった自由な人格が生じるに至る。精神はそれほどまでに外界から規定されるもののようだ。では最初の体制をつくる最初の自由な人格は、どうやってできたのかという論理的疑問がわく。それは西洋で長い年月をかけてはぐくまれたのであろう。そのとき基調低音として、民主主義を創始したギリシャ・ローマ文明と、神の前の平等をおしえるキリスト教の影響があったのかもしれない。

小作人には人格の独立がなく、むしろ主従共同体がある。だから主人が選挙にでれば、従者は応援してこれに投票する。そういう状況下での民主的選挙とはいったい何なのだろうか。農地改革にむけての審議のなかで、小作農地を「農業会」で一括買い上げして再分配するという案についてこんな発言があった。

〈ただ選挙がやれるということだけで、はたして簡単にこの地方の農業会というものが民主的になるかどうかという問題であります。おそらく特に保守的な農村の従来の傾向から致しますならば、選挙致しましても、大体やはり古い人達が出て来るのではないかということが予想されるのであります。また衆議院の選挙でも、おそらく今度選挙しても古い者が出て来るということが思われるごとくに、農業会の選挙もそういうようなことが予想されます。〉（昭和20年12月10日衆院、杉山元治郎）

精神の独立までも失わせる隷属の関係。そんな人間的状況は国家への従属をもたらしこそすれ、国家の暴走を制御するなどはまったく思いの外であったろう。

農村と都市の貧困の相関

戦前日本に貧困をもたらした原因として、地主‐小作制度がひとつ大きく働いていたことは疑えない。その農村における小作人の貧困は、都市労働者の貧困と相携えつつ、社会全般の貧困を深める作用をした。

以下は、第二次農地改革法の審議における日本共産党議員の発言であるが、マルクス系の思想による戦前日本社会の分析をしめしている。農村の貧困が、都市労働者の賃金を低水準に引き下げる作用をした、そのため国内市場に購買力がなくなり、商品が市場を求めて対外侵出をした、という筋書きである。

〈農民が非常に貧困で、働いても働いても貧困であることは、農村に低賃金の基礎を造りまして、潜在的な産業予備軍の役目を農民が果たす結果となっておった。したがいまして今度の戦争に現われたように、農民はいつ何時でも都市の労働者に代る準備をしている。それが都会の労働者の賃金を引下げ、生活を引下げる根本の原因になり、したがってこの高い小作料というものは、日本の全勤労者の生活を引下げる重大な原因になっておった訳であります。その結果は、国内の商品としての市場価値がなくなりまして、したがって新しい超利潤の市場を海外に求めなければならぬという結果になり、それが侵略戦争を行わざるを得ない原因となっておった訳であります。つまり侵略戦争の根本原因というものは、日本の土地問題の中に含まれていた。〉（昭和21年09月23日衆院、高倉輝）

江戸時代には農民の移動はごくかぎられていたけれども、明治以後は移動が自由になった。農村で食えなくなった人間が都市に行く。そのために零細農の貧困と都市労働者の貧困が、連動することになった。

農村の貧困は、ひとつには、都市の工業を重んじて農村を軽んじる政府の政策が原因した。それは西洋列強に伍するためであろうが、意図してかどうか、そうすれば都市労働者の賃金を抑えられるという効果もあった。

このあたりで、江戸時代以来の地主－小作制の歴史をふりかえっておきたいところだが、割愛したい。

4 自力で改革できたか？

農地改革には反対議員が多かった

小作人がなけなしの収穫の半分をとられる地主－小作制度。こんなものは改革するのが当然だと今の人は思うかもしれない。しかし戦後まもなくの帝国議会会議録をみると、改革への反対意見の多いことは驚くばかりである。もちろん熱い賛成意見もあり、もっと徹底した改革にすべきだとの発言もあるのだが、地主の肩をもつ発言が相当に目につく。全体として、当時の国会では、自主的に農地改革を決めるのはいかにも無理だったろうと思わせられる。
敗戦からわずか一年二ヵ月後の一九四六（昭和二一）年一〇月の帝国議会で、自作農創設特別措置法と農地調整法が成立した。この二つが第二次農地改革法であり、いわゆる農地改革とはこれである（農地解放とも呼ぶ）。そこに至るまでに帝国議会でなされた討議から、農地改革にたいする反対意見、すなわち地主制度擁護の発言を二つほど拾いだしてみたい。
農村の「美風」をおしむ声がある。〈明年度からは小作料が金納になる。今日の供出の面から言えば、小作料を金納に致しますことは、あるいは当を得ているかも知れませぬが、実際農村における農民は先祖代々土地を持って、その土地から収穫せられた物を小作料として納めさせた。それを先祖の霊前に供えて、その遺徳に感謝し、落ち着いて郷土に暮している。これは日本の家族制度の私は美風であろうと思う。農村の封建制度打破ということから、この美しき家族制度と申しますか、日本農村の昔ながらの味わいを失うということは、私は大きな問題だと思う。〉（昭和20年12月13日衆院、別所喜一郎）
地主は良いこともした、と言う。〈従来地主におきましても、そのすべてが封建的であったとは申されませぬ。むしろ進歩的な地主におきましては、技術的にも経済的にも農村の指導者と致しまして努力を払ったし、また親子のごとき愛情を持ちまして小作人のために経済的危機を救った地主も少くないのであります。〉（昭和21年09月20日衆院、森田豊壽）
これらの発言が真実を含まないものとは言えない。地主－小作人の「親子のごとき愛情」もあっただろう。どんなものであれ一つの社会体制があれば、それを認容するような精神が、虐げられる側にさえ形成されることがある。小作料五割という明白な不正義すら、地主‐小作人の一種の共同体的人間関係のなかでは、あいまい化されて霞んでしまいかねない。正義という観念は、共同体の外部の視点からしか出てこないのだろうか。

しかし一方では、小作料減額を要求する小作争議が頻発し、それに対する治安維持法による弾圧があった。昭和恐慌では農家経済をささえる米と繭の価格が暴落し、また、困窮した中小地主による小作地取上げの攻勢があって、それに対する小作争議が増加した。

尾崎行雄の懺悔

戦前の日本には地主‐小作制度という〝人道の不正義〟があった。それは貧困をいっそう悪化させ、対外戦争へむかう圧力を増大させた。では、これに反対する政治行動はなかったかというと、もちろんあった。社会主義の影響をうけた農民運動があった。しかし治安維持法が一九二五（大正一四）年に成立してそれによる弾圧があり、またイデオロギーをめぐる党派的な分裂があるなどして、確たる成果はえられなかった。日本共産党は一九二八（昭和三）年に三・一五事件、翌年には四・一六事件という治安維持法による大弾圧をうけた。左派政党は天皇制反対ゆえに弾圧されたのだが、国民の生活問題、つまり国民が食えない、どうすれば食えるか、という原点の問題を第一義にしたらどうだったのだろうか。

国会も社会の改革にかんして無力かつ無効であった。たとえば敗戦から九ヵ月後に、「憲政の神様」と称された尾崎行雄が、過去を懺悔してこう述べた、〈私ども申し訳ないことは、初期議会以来ここに列席しておりますけれども、立憲政体の運用はほとんど跡形のないまでに壊してしまいました。その極点がついに政府指名の候補者に全国大多数の選挙人が投票を致して、そして遂に無条件降参という所までこぎつけたのであります。……ここに陥った原因の重大なるものは、……今日は軍部官僚のみを咎めております。無論悪い。非常に悪い。しかしながらここに列席した我々の同僚代議士はほとんど全会一致でこの後押しを致したのであります。……しかしその代議士は全国人民が選んだのでありまするから、全国人民もまた亡国の手伝いを致したという事実は弁解の余地はない。ここにおいて上下こぞって懺悔致して、……〉(昭和21年05月16日衆院)

国内の矛盾に最後までとりくむ政治家はいなかったようだ。そうした背景のもとに、北一輝の思想をもういちど見てみたい。

5 内向きへの爆発、その否定

北のクーデター提起

北一輝の『日本改造法案大綱』が日本の一部を震撼させたのは、理想とした自由主義－社会主義ミックスというよりも、その実現方法としてのクーデター提起によってだった。クーデターとは法的不正義によって人道の正義を達成しようとする軍事行動である、というのが当事者の言い分であろう。それは国民的政治運動に希望をもてない者たちの性急な意思実現法である。

北はまず緒言で、天皇を奉じた国家改造を言う、〈全日本国民は……如何に大日本帝国を改造すべきかの大本を確立し、挙国一人の非議なき国論を定め、全日本国民の大同団結を以てついに天皇大権の発動を奏請し、天皇を奉じて速かに国家改造の根基を完うせざるべからず。〉この全日本国民には特権階級は含まれていないようだ。

その〈巻一　国民の天皇〉では真っ先に〈憲法停止〉を宣言する。〈天皇は全日本国民と共に国家改造の根基を定めんがために天皇大権の発動によりて三年間憲法を停止し両院を解散し全国に戒厳令を布く。〉その前提として、天皇と国民が一体である、との想定がある。

その〈註一〉で北は次のようにのべて、民主主義の根幹である一票の平等性を否定する。〈権力が非常の場合、有害なる言論または投票を無視し得るは論なし。〉〈海軍拡張案の討議において東郷大将の一票が醜悪代議士の三票より価値なく、社会政策の採決においてカルル・マルクスの一票が大倉喜八郎の七票より不義なりという能わず。由来、投票政治は数に絶対の価値を付して質がそれ以上に価値を認めらるべきものなるを無視したる旧時代の制度を伝統的に維持せるに過ぎず。〉

〈註二〉では、クーデターはナポレオンもレーニンもやった、それは保守派が満ちる議会や新聞、あるいは妨害的勢力の充満する議会では、自己の目的を達成する道がそれしかなかったからだ、と主張する。

〈註四〉では、現国会が特権階級を代表するものである以上、社会を変えるにはクーデターしかない、と言う。〈両院を解散するの必要はそれに拠る貴族と富豪階級がこの改造決行において、天皇および国民と両立せざるを以てなり。憲法を停止するの必要は彼らがその保護を、まさに一掃せんとする現行法律に求むるを以てなり。戒厳令を布く必要は彼らの反抗的行動を弾圧するに最も拘束されざる国家の自由を要するを以てなり。〉

ここには現体制への不信と期待放棄がある。国会は貴族と富豪階級が牛耳って、国民が希求する改革を阻んでいる。現行の憲法や法律は、特権階級が自らの正当性を主張し、保護をもとめるための根拠となっている。この状況で改革を実現するには武力しかない、と北は考える。ちなみに両院とは衆議院と貴族院である。貴族院は、議員が皇族・華族・勅任議員からなり、全般的に藩閥政府を擁護して民主的改革をはばむ役割を果した。

クーデターは支配層内部での政権移動であり、そこが革命とは異なる。北は革命を企図したのではなく、クーデターをめざしたのである。国民・市民は窮乏していても彼ら自身が革命をする可能性はない、と判断したのであろう。社会変革への道筋として、市民革命の代わりに軍によるクーデターを提案する。

クーデターでは軍人が違法な命令によって軍隊を動かすことになるが、軍人にそんな実行動が期待できるのか。北の考えではその誘い水として天皇がある。

核心は天皇

北は天皇に期待する、あるいは国民や軍人の天皇崇拝に期待する。これは、当時の政治の本音であった天皇機関説に対立する、建て前としての天皇現人神説だ。北がえがく天皇は「神格的天皇」である。クーデター後の戒厳令下で、天皇が国家改造の根本方針を宣布するであろうが、そこで選挙された議会はその改造の根本方針を議論してはならない、なぜなら、クーデターで要求する政策は全国民の求めるところであり、それを天皇が言うだけなのだ、として、北は「神格」ということばを三度も使う。〈これ法理論にあらずして事実論なり。露・独の皇帝もかかる権限を有すべしという学究談論にあらずして、日本天皇陛下にのみ期待する国民の神格的信任なり。〉〈かかる神格者を天皇としたることのみによりて維新革命は仏国革命よりも悲惨と動乱なくして、しかも徹底的に成就したり。再びかかる神格的天皇によりて日本の国家改造はロシア革命の虐殺兵乱なく、ドイツ革命の痴鈍なる徐行を往過せずして整然たる秩序の下に貫徹すべし。〉

こうした考え方を理解するためには、戦前の右翼の標語である「一君万民」ということばが参考になる。一君万民とは天皇主権のもとで、天皇と国民が直結して、天皇は国民の安寧幸福を祈念し、国民はそういう天皇を敬愛して委任する、そうした愛情と信頼の相互関係のことである。キリスト教には〝神の前の人間の平等〟という考え方があるが、一君万民とは天皇の前の国民の平等であり、特権階級や財閥を否定する理念として主張された。

北は神格的天皇という表現で何をイメージしていたか。一つのイメージは明治天皇らしい。〈天皇は国民の総代表たり、国家の根柱たるの原理主義を明らかにす。この理義を明らかにせんがために神武国祖の創業、明治大帝の革命にのっとりて宮中の一新を図り、現時の枢密顧問官その他の官吏を罷免し以て天皇を補佐し得べき器を広く天下に求む。〉

神格のイメージとしては例えばだが、新古今和歌集に仁徳天皇御製として〈高き屋にのぼりて見れば煙《けぶり》立つ民のかまどはにぎはひにけり〉という歌が載っている。これは天皇が洪水をなくすために民に賦役を課したが、ある朝、民のかまどに炊煙が上がっていないことに気づき、これは食べる物にも事欠いているのだと悟って以後三年間、租税を免じた、それによって国が富んで、ふたたび炊煙がたつようになって、よかったと喜ぶ歌である。これが仁徳天皇御製というのは誤伝らしいが、そういう天皇のイメージが国民に残ったとはいえるだろう。

神格的天皇という考え方から、現在、政治がうまく行っていないのは君側の奸（悪しき側近）のせいである、という考えがでてくる。〈天皇の補佐を任とする理由によりて専恣を働く者多き現状〉〈天皇と国民とを阻隔し来たれる藩屏〉だからそれらを除きさえすれば、すべてはよくなるはずだとする。

天皇の〝神格〟には天皇の〝人格〟が対比されよう。天皇の神格はあくまでも理想像であって、それとはべつに現実の人間としての天皇の実存在がある。この理想と現実の齟齬は、北の思想を奉じた若手将校たちに対して、いずれ決定的な鉄槌をくだすことになるだろう。

理想社会の手前に立ちはだかる壁。その壁に北はクーデターという爆薬をセットし、それに神格天皇という導火線を付けた。その導火線に、若手将校たちが火をつけた、というより彼らが火となった。それが二・二六の構図である。

二・二六事件勃発

一九三六（昭和一一）年二月二六日早朝、二・二六事件が勃発した。陸軍の現役将校らが一四〇〇余名を動員して、斎藤実内大臣、高橋是清蔵相、渡辺錠太郎教育総監らを殺害、永田町・三宅坂一帯を占拠。三日後の二九日に鎮圧された。事件後二名自決。陸軍の特設軍法会議で死刑判決一九名。うち一五名は七月一二日処刑。村中孝次、磯部浅一、北一輝、西田税の四名は取り調べをうけ、その一年後の八月一九日に処刑された。

青年将校という言い方がされるが、これはやや情緒的な響きがあるので、たんに若手将校とよびたい。彼ら若手将校は、蜂起はしたものの事後については、昭和維新を軍首脳をつうじて天皇に訴える以上の計画を持っていなかった。その点がよく批判される。

彼ら若手将校は、思想は北一輝におまかせ、改革の実行は天皇におまかせ、というあり方だった。自分らはただ理想社会へ通じる橋をつくるための人柱となればいい、と言わんばかりであった。

タイのクーデターとの比較

二・二六の若手将校らが事件後の展望をなにも持たなかったと批判される点について、その七〇年後の二〇〇六年九月一九日に起きたタイのクーデターと比較してみたい。タイの社会は数十年まえの日本と似た一面がある（以下の記述は新聞各紙の報道による）。

クーデターの背景には、タクシン政権下の汚職、タクシン首相一族の巨額株取引での脱税疑惑、そしてそれによる政治の混乱があった。軍の発表は、「腐敗疑惑や権力乱用で国民に不和が広がっている」とした。タクシン首相は歴代政権が軽視してきた貧困対策をうちだして、地方の農村から絶大な支持があった。疑惑と人気の両面をもった政治家である。

タイ・クーデターによる混乱は起きず、流血もなかった。軍部は一枚岩で、軍内部は割れていなかった。クーデター首謀者ソンティ陸軍司令官は五九歳で軍のトップであり、いわゆる青年将校ではない。

タイの憲法では、国王が三軍を統帥することになっている。そこが戦前の天皇制と似ている。タイではプミポン・アドゥンヤデート国王（七八歳）が国の内外で名君の誉れたかく、国民の圧倒的な崇拝をうけ、これまでも政局の動向におおきな影響をおよぼしてきた。

注目点は次だ。軍のスポークスマンは地元のテレビ放送で、閣僚と国会議員の全員を解任、一九九七年憲法を無効とし、「われわれは国を統治するつもりはない。できるだけ早く立憲君主制を回復し、主権を人民に返す」と述べた。クーデターで実権を掌握したのは民主改革評議会であり、軍の発表によれば、クーデターを主導したソンティ陸軍司令官が、プミポン国王から評議会議長に任命された。ソンティ陸軍司令官は「二週間以内に暫定憲法を制定し、暫定首相を選んだうえで、文民政府に権限を移譲する」と表明した。プミポン国王は一二月四日、恒例の誕生日前日の演説で、暫定政権を称賛し、「重要な地位についた老人は、個人の利益を何も求めない」と述べ、タクシン前首相を暗に批判した。

軍が自ら統治をしようというのでなく、とにかく現在の政治にストップをかけてやり直しを命じる、それを国王が承認する、という構図である。その辺で身を控えるのが軍部の役割である、との認識なのだろう。そこが二・二六事件当事者たちのねらいと似ている。彼らが願ったのはまさにこのタイ・クーデターのような成り行きであったろう。二・二六の若手将校たちの思考形態が、世にも特異なものではなかったことがわかる。

デカブリストの反乱との比較

二・二六事件（一九三六年）をロシアのデカブリストの反乱（一八二五年）と比べてみたい。この日露の比較では、実行主体が理想主義的な若手将校たちだったこと、農民の解放をめざして不成功に終わったこと、その失敗によってかえって専制が深まったこと、などが共通する。一方、国王への忠誠という点は共通しない。

デカブリスト（十二月党員）の反乱がめざした目標は、農奴の解放とツァーリズム（専制君主制）

の打倒である。ツァーリズムにたいしては立憲君主制をめざす者から、皇帝を暗殺して共和制をめざす者までいた。反乱の主体は若い貴族の将校たちで、彼らは一八一〇年代の対ナポレオン戦争に従軍してフランスにおもむき、そこで西欧の「自由」の思想に啓発されて、自国の現状にたいして革新的な思想をもつに至ったものである。この反乱は後のロシア革命の前駆と位置づけられるけれども、もっとずっとフランスの市民革命に近い、自由主義革命をめざした運動であった。

この事件については一九三七年に出版されたアナトール・グレゴリー・マズーアの名著『デカブリストの反乱』がある（光和堂、現在絶版）。マズーアは一九〇〇年キエフに生まれて一九二二年に渡米した、米国のロシア史学者である。

二・二六をみたあとでデカブリストの反乱をみると、登場人物のちがいが目につく。デカブリストの参加者たちは知的に活発で、自分でものを考え、ロシアの現実のなかで思想を模索した。きっかけはフランス滞在で「自由」という理念を知ったことで、その理念が彼ら若者たちの心に吸収されて芽吹いたのだった。多くの者が憲法草案や政治的プログラムを自ら書いた。

デカブリストを代表する一人であるペーステリがその典型である。彼は一七九三年生まれ、反乱時三二歳。事件後処刑。彼は数年間の研究をもとに「ルスカヤ・プラウダ」、副題「最高臨時政府への訓令」を書き上げた。多くの者が自分でものを考えるから、彼らの秘密結社は組織としてのまとまりは悪かった。

それにくらべて二・二六では思想的探求者としては北一輝がいるくらいで、他に見るべきほどの思想を展開した者はいない。二・二六の参加者たちをうごかした動機のひとつは農村の貧苦にたいする同情や怒りであって、そこに自由への希求という要素は見られない。他方、デカブリストにおいては農奴の解放もツァーリズムへの否定も、自由への志向からこそ生じたのだった。単純化するならデカブリストは自由への志向、二・二六は平等への志向、とまとめることができよう。自由と平等の対比である。

一九世紀ロシアでも昭和前期日本でも、人民はまだ政治的自覚が乏しく、フランス革命時の人民のように自由や平等の理念を抱懐していないから、人民革命とはなりえず、自覚した若手将校たちの少数者による反乱になるほかなかった。そこにこれら二つの反乱の共通した弱さがあり、はじめから敗北が運命づけられていたといえる。

思想的探求ではデカブリストたちのほうが活発だが、他方、クーデター実行時の迷いなさやその後の潔さにおいては、大部分の二・二六参加者たちのほうがずっと優っている。さすがこれがサムライの末裔なのかと驚かせられる。

二・二六とデカブリストをならべたとき、たとえ失敗して事態をより悪化させたのだとしても、社会的正義への挺身というテーマについて考えさせられる。事件の参加者たちは日露とも、社会にたいして高い理想をもち、己の利害をこえて行動するタイプの、人間的にきわめて良質な人たちであった。歴史家マズーアは〈デカブリストというこの国の若々しい精華〉と表現した。

デカブリストの首謀者ペーステリらを処刑した皇帝ニコライ一世は、それから三〇年後、クリミア戦争のさなかに死去したが、〈ニコライは死の直前、クリミア戦争で後進ロシアが先進諸国に散々に打ちのめされたとき、自分の政策の誤りを悟ったかもしれない。戦争中の行政の恐るべき腐敗を目撃したあと、彼は悲しげにこう言ったという。「ペーステリとベストゥージェフは、決して朕をこんな目に合わせなかっただろうに」と。〉（マズーア『デカブリストの反乱』）こうした肯定的側面への評価が、二・二六にかんしてはまだ十分になされていないように思われる。

天皇の怒りと不知

『木戸日記』によれば、二・二六事件が勃発したとき昭和天皇は股肱の臣を殺されて激怒し、鎮圧を躊躇する軍上層部に業を煮やして「お前達が朕の命令を躊躇するなら、朕自ら近衛師団を率いて討伐する」とまで仰せられた（河野司『天皇と二・二六事件』）。事件にどう対処するかの方向付けにおいて、この天皇の態度は大きな重みづけをもったようだ。

その昭和天皇はのちにＮＨＫの連続テレビドラマ「おしん」をごらんになり、「ああいう具合に国民が苦しんでいたとは、知らなかった」とおっしゃられた（『文藝春秋』一九八六年三月号、「われらが遺言　50年目の2・26事件」の座談会における関係者の発言）。

ここには昭和天皇の現実の人間存在がある。この座談会の発言によれば、昭和天皇は当時の日本国民の苦しみ、すくなくとも国民の三人に一人を占める小作人の窮状について、なんらご存じなかった。知る機会がなかった、ということであろう。そういう下賤な者たちのことなどお耳に入れる必要がない、という周囲の判断だったのかとも思われる。だがそれでは民の声を聞くことができず、神格を発揮しようもない。

社会の「問題」が意識にないなら、それを「解決」しようというどんな行動も、なぜそんな騒ぎをするのかが理解不能だろうし、まして暴力沙汰などは純粋に怒りの対象でしかないだろう。だが二・二六の反乱はどれほど拙劣であったとしても、当時の社会問題にたいする一つの解決行動であった。あの反乱は、農村の窮乏と抱き合わせにしてとらえるべきだ。食う心配のない人たちの、食えない人たちにたいする態度はいつも、遠いアフリカの何万人もの餓死者に対するのと同じように無関心だが、戦前日本には食べることに困る人たちが大勢いたのであって、それを問題といわずして何といおう。

ただ惜しまれるのは、あの重臣殺害のない行動はありえなかったのかという点である。北一輝にたいする二・二六事件警視庁調書によれば、北は二・二六事件に直接関係はしなかったが、その直前の二月二十日頃、西田税から「いよいよ青年将校は蹶起する」と聞いた。二月二十二、三日頃、西田から殺害対象者リストを聞いて、「やむを得ざる者以外はなるべく多くの人を殺さないという方針を以てしないといけませんよ」と忠告した（『北一輝著作集第3巻』みすず書房、一九五九）。少しはそういう感覚もあったのか、と思わせられる。

ともかくこうして北の思惑は最初の一歩でくずれたのだった。北の考えでは、国民の多くが不幸である一方、理想としての神格的天皇があり、それは国民と共にあって国民の幸福をめざすはずであった。しかし現実には、天皇は国民の生活実態について知るところがなかった。天皇を信じた若手将校たちは、まるで恋に恋して現実の異性にやぶれた少年のような、一人相撲の悲喜劇を演じたのだった。しかもその行為は自分らだけの悲劇におわらず、日本を奈落の底につきおとす一押しとなった。事件後、陸軍は粛軍をおこなって皇道派を一掃し、軍部大臣現役武官制を復活させて政治関与をつよめていった。

当時の日本には軍部をふくめて、社会の問題を国内改革で解決しようという社会主義的勢力と、対外侵出で解決しようとする国家主義的勢力とがあった。二・二六は結果的に、前者をつぶして後者に一本化するはたらきをした。それから以後、日本は戦争へとまっしぐらに突き進んでいった。その背後にあったのは当時の多くの国民の〝食えなさ〟であり、またそれを解決しない政治・社会体制であった。その内圧は国内でか国外でか、革命でか戦争でか、どこかで爆発せずには済まないものであり、無茶な二・二六さえなければ世の中は平穏無事だったのに、などといえるような安気な状況ではなかった。革命（昭和維新）を弾圧した側は、それによって実は代わりに対外戦争という選択肢を選んだのだということを、認識していただろうか。

こうした成り行きをみれば、戦前の非民主主義的なシステムにひとつ重大な問題があったといわざるをえない。システムは、そのシステムから利益を得る者たちをのみ守って、それ以外の者からは手出しがしにくい仕組みになっている。言論活動もほとんどは体制擁護派から出る。システムは変えにくいように自己保存的に仕組まれている、だからこそ〝システムの誤り〟は改めるのが困難なのである。内部からは変えにくいこのシステムは結局、アメリカ占領軍という外からの強制力でしか壊す方法がなかったのかもしれない。

システムの誤りと責任の問題

戦争への誤った進行、その原因が〝システムの誤り〟にあるとすれば、いったい誰を責めればいいのか。社会の人口要因については、避妊や産児制限を普及させることは一朝一夕にはできないので、仕方のない部分がある。

だが社会の階級要因については、全員が今ただちに廃止を合意すれば解決する——そんな思いが消えない。むろん話はそんなに簡単ではないにしても、戦前日本で階級の問題を放置した、あるいはその解決を妨害した、その責任はのこるであろう。その無責任に対して、人は怒ってよいのではなかろうか。階級は平等の原理に反するという意味で不正義であり、国民の貧困をいっそうひどくして戦争への動因を高めたという意味で悪である。もちろんこれは論争的なテーマであり、本書は一つの考えを提出しただけだ。

貧困と格差という社会的病弊こそが「戦争に至る病」である。平和を保つにはそれを治さねばならない。けっきょく戦争責任とは社会責任に近いものである。本書はそう主張する。

獄中手記・遺書こそが第一級の資料

河野司編『二・二六事件——獄中手記・遺書』（河出書房新社、一九七二）は、二・二六の刑死者や自決者たちの遺書や獄中手記を編纂したもので、彼らのなまの思いを知ることができる貴重な資料である（現在入手不能）。人間の行動は究極で個人の精神から出てくるのだから、行動の真相を知るにはその精神がどんな想念をもっていたかを直に知る必要がある。その意味ではこの本が第一級の資料である。

これを通読したとき、若手将校らの精神を占めたものとして、天皇への崇敬のほかに三つの要素があったことが見てとれる。人民の苦しみにたいする拒否、特権階級にたいする怒り、そして対外的な警戒である。

二・二六事件の蹶起趣意書にある次の文章にはそれら三要素が表われている。〈不逞兇悪ノ徒簇《そう》出シテ、私心我慾ヲ 恣《ほしいまま》ニシ、至尊絶対ノ尊厳ヲ藐《ばく》視〔軽視〕シ僭上之《こ》レ働キ、万民ノ生成化育ヲ阻碍シテ塗炭ノ痛苦ニ呻吟セシメ、従ッテ外侮外患日ヲ逐《お》フテ激化ス／所謂《いわゆる》元老重臣軍閥官僚政党等ハ此《こ》ノ国体破壊ノ元兇ナリ、〉

刑死・自決した若手将校たちの遺書を読んで感じるのは、その善良さと無私の正義感であり、その点で彼らはきわめて人間的に良質な人たちであるということだ。歴史とは時に、そうした善良さが繰り広げられる場でもあるのだろう。最善をめざして最悪を招いたのは、彼らがはじめてではなかった。

そのひとり中島莞爾は二五才で刑死したが、その遺書には事件に参加した若手将校の典型的なパーソナリティが見てとれる。〈今回の事、我れ已に十年来期せし所にして、決して唐突の挙に非ず。……吾、此の回、始め固より生を図らず、又死を必せず。……二十五年の間の不幸の子は、名をも棄て此の世を去ります。徹頭徹尾、貧しく弱い者の味方となり、国の真の姿をと力めた子は、国の将来を想ひつつ血の涙を呑んで死に就きます。〉

昭和恐慌と昭和維新と

二・二六の首謀者の一人、磯部浅一の人物像を見てみたい。ここでは須山幸雄『二・二六　青春群像』（芙蓉書房、一九八四）から引用する。この本は題名から察せられるように決起将校への共感を隠していない。「著者あとがき」に執筆の動機をこう記している、〈二・二六をはじめ、その頃の多くの流血事件については、昭和初年の未曽有の経済恐慌の実態がわからないと理解できない。……事件の底流には昭和恐慌という底無し沼に堕ちたような国民の呻吟があったのである。……敗戦後、田舎教師として碌々と生を貪ってきた私が、脳天を撲られたような衝撃をうけたのは、二・二六事件で刑死した人々の遺書を読んだときである。……余りにも前近代的な裁判によって処刑された、これら青年将校たちの大部分は、いずれもずば抜けて優れた頭脳と体力を持ち、恵まれた環境に育ち、親思いで情誼に厚い好青年たちで洋々たる前途が約束されていた。……その彼らがこの遺書で見られる通り、国家国民のため敢えて自らを死地に投じた。……その清冽

な志操と高潔な精神だけはなんとしても広く天下に訴え、後世に伝えなければならない。〉

磯部浅一、一九〇五（明治三八）年四月一日生まれ、一九三七（昭和一二）年八月一九日刑死、享年三二歳。山口県大津郡菱海村の貧しい農家の三男として生まれた。山口県は旧・長州藩で、その城下町だったのは日本海に面した萩市。その近くが生地だったことは、磯部がのちに昭和維新をとなえるに至ったことと関係がある。

父の仁三郎は腕のいい左官だったが仕事がなく出稼ぎ、母は計四反あまりの田畑を耕して野菜を売った。兄二人は独立していたので浅一は母を助けて働いた。頑丈な体つき、激しくてまっすぐな気性。尋常高等小学校では首席をとおし、六年卒業時に県知事の特別表彰をうけた。山口県庁の属官で大地主でもあった松岡喜二郎が、浅一を世にだすことを願って養子同然にして引きとった。

松岡家での生活は一年余だったが、喜二郎は長州の志士を景仰し、とくに吉田松陰とその弟子、高杉晋作と久坂玄瑞の伝記は暗唱できるほどで、浅一に彼らの話を熱くかたってやまなかった。喜二郎の志士への傾倒と磯部への理想の植え付けは、磯部の人格形成におおきな影響をあたえたようだ。これが教育の極致なのか、磯部は喜二郎のつくった〝作品〟という面があったと思われる。磯部の同期、横山忠男がのちに語るところでは、磯部は美声で〈酔うと必ず高杉晋作の作った歌を歌うのだ。「三千世界の烏を殺し、主と朝寝がしてみたい」という都々逸だ。……まあ高杉晋作の生れ更りになった気でいたな。〉

貧農出身の兵たちと接して

〈磯部が幼年学校時代の学費や小遣いは、ほとんど喜二郎の許から送金されていた。〉磯部は陸軍士官学校を大正一五年七月、第三十八期として卒業した。士官学校まで進学するのは貧農や小作人の子供には普通できないことで、磯部は例外だった。士官になったのは中程度に恵まれた階層の出身者。小作人や貧農のせがれは兵のほうにいた。将校のまわりには大勢の兵たちがいる。一部の若手将校たちは、貧農出身の兵たちと接するなかで、社会改革の必要を痛感するようになった。

磯部の幼な友達、下瀬諒はこう語る、〈磯部は大声で日本の政党政治を非難し、田中内閣のやり方を攻撃していた。日本の軍隊は天皇陛下の軍隊だ、外国の侵略に用うべきでないと、磯部は口癖のように言っていた〉〈明治維新も薩摩や長州の下級武士の力で成った。昭和維新は俺たち下級将校の力でやり遂げねばならぬ。そして、天皇陛下の大御心による仁慈の政治をとり返さねばならない。この国民の苦境を救うものは、もはや陛下の大御心だけだと、磯部は涙を流しながら語ったものだ。〉

同期の佐々木二郎には、こう言った、「何を言うか、この腐った世の中で、腐った奴が権力を握っている。そいつを倒すのに合法で何ができる。……」

昭和一〇（一九三五）年八月二日、陸軍上部の統制派・対・革新派の派閥争いのあおりを受けて、かねてからにらまれていた磯部浅一と村中孝次が軍籍を剥奪された。この二人が主導者となり、歩三（歩兵第三連隊）の安藤輝三大尉、歩一旅団副官の香田清貞大尉、同じく歩一の栗原安秀中尉、そして他の若手将校たちが加わり、兵を率いて昭和一一（一九三六）年二月二六日早朝に蜂起した。

今に大変な事に

磯部は獄中日記にこう書いた、〈余の所信とは、〔北一輝の〕日本改造方案《ママ》大綱を一点一角も修正する事なく完全に之を実現することだ〉〈天皇陛下　陛下の側近ハ国民を圧する奸漢で一杯でありますゾ　御気付キ遊バサヌデハ日本が大変になりますゾ　今に今に大変な事になりますゾ〉〈陛下　なぜもつと民を御らんになりませんか　日本国民の九割は貧苦にしなびて　おこる元気もないのでありますぞ〉〈陛下が　私共の挙を御きき遊ばして「日本もロシアの様になりましたね」と云ふことを側近に云はれたとのことを耳にして　私は数日間　気が狂ひました、〉

磯部が予感した「大変な事」とは第二次大戦のことで、自分らが企図した社会革命が成功しさえすればそれを回避できると、そこまで明確に考えていたかどうかはわからない。ただ、これではいかん、という倫理観に似た気持ちがあったのだろう。歴史のなかで倫理観などは何の効き目もないようでいて、じつは倫理観に著しく背く社会はあまり長持ちしないように思われる。社会とはあくまでも人間の社会だからである。

戦前社会に存在した「階級」は、人々の貧困をより深めた。もし二・二六による階級打破が成功していれば、世の中の貧困がすこしはマシになり、戦争への内圧がすこしは減った可能性がある。およそ戦前社会に〝問題〟があったのなら、いずれにせよ爆発は起きる、ただそれが内向きか外向きかだけの違いだ。二・二六が、問題にたいする国内的解決の最後のチャンスだった。今、日本の戦争突入を遺憾に思う者は、時間をさかのぼって二・二六の挫折を惜しむかもしれない。

ここまで述べてきたような窮迫した社会状況のなかで、ついに日本は社会全体の規模で〝狂う〟に至る。窮乏から狂気へ。その集団発狂のさまを次の第Ⅳ部で見てみたい。時期は対米開戦の一年半まえである。

第Ⅳ部　そして狂気へ開戦前の日本人

1　正気の人の告発

バスに乗らなかった人間

日米開戦まえの日本人の狂態、そのありさまを見たい。次の〝目撃証言〟がある。これは「歴史の暮方」と題して、日米開戦の一年半まえ、昭和一五（一九四〇）年六月三日号の『帝国大学新聞』に発表されたもので、本にするとわずか六ページの短文だ。書いたのは林達夫という人である。『帝国大学新聞』は東京大学新聞の前身。表題の「歴史の暮方」は、歴史の日暮れ時、の意味である（引用は林達夫『歴史の暮方』中公文庫より）。

この一文は次のようにはじまる。〈絶望の唄を歌うのはまだ早い、と人は言うかも知れない。しかし、私はもう三年も五年も前から何の明るい前途の曙光さえ認めることができないでいる。〉林が絶望するのは人々の理性喪失に対してである。

〈私はこの頃、自分の書くものに急に「私」的な調子の出てきたことに気がついている。……なぜだろう。社会関係を見失ってしまったからだ。私の所属していると思って、あてにしていた集団が失くなってしまったからだ。ほんとうは失くなったのではなくて、変わったのであろう。……時代に取り残された人間とは、私の如きものを言うのであろう。〉

自分と志を同じくすると信じていた人たちがしだいに消えていき、気がついたら周りに一人もいなくなって自分が独りになっている——そんな情況を経験したことがないだろうか。集団から離れるのは人間にとってきわめて不安なもので、実際に危険でもある。

〈時代が大きく膨れ上ったときに垣間見せる bêtise ないし sottise〔愚鈍、愚行〕の救い難き底知れなさに衝撃した人間のこころ暗さ！ ……同じく心を動かされていても、人々と私とでは精神風土がまるで違うのだ。人なかにいると、私はふと自分が間諜のような気がして来て、居たたまれなくなって席を立ちたくなることがある。何の共感もない。まったく人とは別のことを感じ、また考えているのだから。〉

これは人々が〝上の空〟になって足が空を踏みはじめた状態である。もはや通常の精神状態とは別もので、こうなるともう普通の話は通じない。

世の中が狂って自分は正気？

林は世間と乖離していく。社会全般が空語をかたる状況になっていた。〈こうして私は時代に対して完全に真正面からの関心を喪失してしまった。私には、時代に対する発言の大部分が、正直なところ、空語、空語、空語！　としてしか感受できないのである。私はたいがいの言葉が、それが美しく立派であるほど、信じられなくなっている。あまりに見え透いているのだ。〉

そのとき、林自身の身の振り方はどうするのかといえば、〈流れに抗して、溺れ死することに覚悟をひそかにきめているのである。私は欺かれたくない。また欺きたくもない。韜晦してみたところで、心を同じうする友のすがたさえもはや見別けがつかない今となっては、どうしようもない。選良も信じなければ、多数者も信じない。みんなどうかしているのだ。（あるいはこちらがどうかしているのかも知れない。）こんな頼りにならぬ人間ばかりだとは思っていなかった。私の方が正しいとか節操があるとかいうのでは断じてない。〉

みんな「どうかしている」とは、一時的な発狂状態ということであろう。「私」の見方では、みんなが狂っており、自分は正気である。しかしこんなことを言うときはまず間違いなく、そんなことを言いつのる人間のほうが狂っている。あぶない状況である。皆といっしょに流れたほうが楽だ。しかし自分は「溺れ死する覚悟」を決めた。つまり流れに逆らって、世の中のほうが狂気なのだという信念を維持することに決めた。

〈要望と現実とをすりかえてはならない。無いものはあくまで無いのだし、欠けているものはあくまで欠けているのだ。率直にまずそれを凝視することから始めるべきだ。冷酷無慙に。〉

「無いものは無い」。これはまちがいなく日米の国力差のことを言っている。こんな奥歯に物のはさまったような物言いをするのは、なにしろ一九二五（大正一四）年公布の治安維持法があるからだ。要望と現実のすりかえ、これを本気でやればまさしく狂気のしるしだ。たとえすりかえが故意だったとしても、「そうだということにしておこう」などと言ってそうであるかのように振舞うなら、結果的に狂気と同じことである。

林は人々をわかろうと努力した。〈この自分の眼にしっかりと何かの光明を摑《つか》むために、何かの見透しを持ちたいために、調査室の書棚の前にも立ったし、研究会のテーブルの周りにも腰かけてみた。私には、納得の行かぬ、目先の暗くなることだらけである。いや、実はわかりすぎるほどよくわかっているのだ。受けつけられないのだ、無理に呑み込むと嘔吐の発作が起きるのだ。私のペシミズムは聡明さから来るものではなくして、この脾弱い体質から来る。先見の明を誇ろうなどという気は毛頭ない。そんなものがあればあるで、自分の無力さに又しても悩みを重ねなければならないであろう。〉

先見の明とは、これで戦争をはじめれば無残に敗れることは目に見えている、という意味だ。しかし今は、先を見通したうえで社会を非難しているのではない、今現在の状態そのものが非難に値する、というのである。なぜなら理性が現実をつかんでいなくて、言葉が虚妄である、それは人間として受け入れがたいことだからだ。こういう広義のモラル感覚が、動揺する時代のなかで自分を保とうとするさいには決定的に重要なのかもしれない。

神はその滅ぼさんと欲する人々を狂気となす

林は終戦から半年後の一九四六年二月、上記「歴史の暮方」を中心として戦前から戦中に書いたものを評論集『歴史の暮方』にまとめて出版し、その序文にこう書いた、〈私は一箇の貧しきエピキュリアンにすぎない。この書に集められた時代、すなわち一九四〇年から四二年にかけて、わが国は世を挙げてあたかも一大癲狂院と化しつつあるの観があった。〉

日米開戦前後の日本人は「癲狂」つまり狂気であったと言うのである。発狂したために無謀な戦争へと狂奔した。林はまた〝Quem Juppiter vult perdere dementat prius.〟つまり「ユーピテルはその滅ぼさんと欲する人々を狂気となす」というラテン語の格言を引用する。ユーピテルとは神の意味。一人二人ならともかく、人々がまとまって狂うにはそれなりの原因があったはずだ。何が原因だったのかが別途究明されねばならない。

ここでの一つの見どころは、当時の人々が、政府に強要されたから動いたのではない、強要はあったにせよむしろ自ら進んで体制に順応し、自らの意思で〝死のダンス〟を踊った、という点である。戦後になって、あれは軍部の横暴だった、天皇制がわるかった、国民は被害者だった、という言論があふれた。後になって行動の責任を問われたときに、下位の者が上位の者に責任を押しつけるのはよくある光景である。最近の例でいえばオウム真理教のサリン・テロ事件や、ライブドアの証券取引法違反事件などの組織犯罪において、部下の実行行為に対する上司の命令の有無が裁判で争われた。さきの戦争の開始にかんしては、真相はどうやら、下から上への責任のなすりつけが簡単に通るようなしろものではなかったようだ。百パーセント指導者のみ悪者論は、責任のがれの欺瞞でしかない。

戦争の考察に「狂気」の観点からアプローチするのは、とくに変わったやり方ではない。たとえば森本忠夫『マクロ経営学から見た太平洋戦争』（PHP新書、二〇〇五）は、経営の観点から日米の物資を比較して、さきの戦争の無謀さを客観的に論じているが、開戦の決定という人間的な事象については「狂気」という語をつかっている。〈日本の戦争指導者が演じたどうしようもない無知、愚行、狂気、残忍、錯誤など〉〈物質的な自らの力量を無視した〝狂気の飛躍〟〉

最近目にした例では、二〇〇六年一二月九日の朝日新聞社説は、「狂気が国を滅ぼした」と題してこう書いている、〈それにしても、日本はなぜあのような暴挙に走ったのか。〉〈当時のルーズベルト政権のスタッフだった経済学者のガルブレイス氏は、真珠湾攻撃の知らせを聞いた時、「狂気の沙汰と思った」と回想している。〉圧倒的な国力差があったからだ。

国民も責任を免れない。〈指導者だけではない。昭和史に詳しい作家の半藤一利さんは、真珠湾の日に人々が何を語り、書いたかを調べたことがある。「マスコミは戦争をあおり、国民も『やった、やった』と熱狂した」日本中を「狂気」が覆っていたといえよう。〉

発狂にかんする「鳥男の理論」

狂気とは何か。一つのモデルを提出したい。日本の昔話にこんなのがあった。キノコ採りの若者が鳥になった話である。むかし若者が山にキノコ採りに行った。断崖絶壁を上から蔓をつたって降りていき、途中の岩のわずかなでっぱりに足をかけて、そのあたりのキノコを採る。若者がさぁもう帰ろうと蔓を取ろうとしてアッと息をのんだ。蔓に手がとどかない。下りるときは体重で蔓が伸び、手を離したあとに縮んだのだ。蔓の端っこは今や手のとどかぬ上のほうにある。

若者は大声で何度も何度も助けをもとめたけれども誰もこたえない。叫ぶのにも疲れたとき若者はふと、自分はじつは鳥であって空を飛べるのではないかと思いはじめた。そしてついに彼は鳥のように両手をひろげて宙に身をおどらせたのである。死のダイブ……。そのご長い年月、その谷間には若者の助けをもとめる叫び声が残って哀しくこだましたという。

私には日本の対米開戦はそのような死の飛躍だったように思える。この昔話の恐ろしい点は、この若者が、もうダメだから死んでしまおうと思って飛んだのではなく、自分は鳥だから空を飛べると、夢まぼろしに信じて飛んだという箇所である。正気であれば「ああ鳥になりたいなあ」と思うだけだろう。だが彼の心の中ではついに願望と現実のあいだの混同がおきて、自分は鳥だと信じるに至り、そう信じて飛んだのである。現実と非現実を分けへだてる隔壁がこわれたのだ。こういう状態を狂ったというのであろう。現実認識を失うから狂気なのではあるが、その狂気の引き金をひいたのは、まわりの絶望的状況にたいする現実認識だったのである。

脳には現実認識が過度の絶望をもたらすとき、脳内モルヒネを分泌するなどして、その認識をカットするメカニズムがあるのではないか。この狂気は動物のパニック行動に近縁なのかどうか。「窮鼠猫を嚙む」の諺のように、動物には生得的にそなわった緊急時対策があって、最後に一か八かの勝負に出て生き延びをはかる。猫にかみつく鼠はもしかするとその瞬間、アドレナリンがどっと出るなどして、自分は猫に勝る力があるという幻想に突きうごかされているのかもしれない！

強い精神と自然な人間性との対比

自分のことをいうと、私が生まれたのは終戦一年まえの昭和一九（一九四四）年六月だから、物心ついたときはもう戦後だったけれど、実家の近所には戦死者のでた家や兵隊帰りのいる家があって、まだ戦争の余韻がのこっていた。日本はアメリカと戦争をして負けたのだ。それが途方もないことだという感覚は子供心にもある。なぜそんなことをしたのか。その疑問が心に根をおろして、自分の人生から離れることがなかった。

学生時代からずっと、戦争の記録や戦前の言論に関心をもってきた。いろいろな人の社会的発言では、戦後に発表されたものは原則除外した。戦前および戦中の発言にこそ価値がある。言論の自由がなく、反戦的なことをいえば特高に引っぱられ、あるいは右翼に暗殺されかねない、そんな時代の中で発言したものに意味があるのであって、言論の自由ができた戦後では、どんな立派な発言をしても言葉が軽い。そうした関心のなかで、私は林達夫を知ったのだった。

林達夫とは誰か。一八九六年一一月二〇日生まれ。一九八四年四月二五日、老衰で没、享年八七歳。評論家、思想家。何かの専門家というより幅広いジェネラリスト。外交官だった父親の海外赴任で幼児期を米国シアトルで過ごす。一高をへて京都帝国大学文学部哲学科にて美学及び美術史を専攻。戦前は東洋大学教授（一九三五年に退職）、戦後は中央公論社や平凡社に勤務。日米開戦時（一九四一年）には四五歳という中年だから、青年期の思想遍歴はもう終えている。代表作は評論集『歴史の暮方』、『共産主義的人間』。

若いころの私は、林達夫の生き方を模範にしたいと思った。戦争は悪、それに抵抗するのは善、だから善をとる、と。これは物事を善悪で割りきる態度だ。暴走直前の生きもの集団が悲壮感から逆にハイな気分になって狂乱するなかで、ひとり耐えて生きるにはよほど強靭な精神が要るだろう。そんな強い精神を、林から学びたいと私は思った。

しかし、やがて別の考え方をするようになった。年齢の効果かもしれないが、善悪の決めつけから事実認識へ。そう関心が変化した。若いころはえてして自分の生き方をもとめ、規範をふりかざして是非善悪を断じてそれでおしまい、という態度になりがちだ。だが人間や社会を悪として断罪するよりも、現実の人間と社会を知りたい、知ることそれ自体が大事ではないか。そう思えてきたのだった。

戦前の沸騰状況における林の強い生き方はたしかに素晴らしいけれども、ひじょうに特殊であって、むしろ大勢に流された人たちのほうにずっと自然な心の動きあったのではないか。時代におどった人々のなかにこそ、より根源的な人間性の真実が見出せるのではないか。その人間性の真実を知りたい。そう思うようになった。そこから私の戦争原因論への模索がはじまったのだった。

2　過剰同調性と権威主義

過剰同調性と地すべり現象

戦争まえの人々の姿を、林の評論集『思想の運命』（一九三九年刊）、『歴史の暮方』（一九四六年刊）、『共産主義的人間』（一九五一年刊）からさらに抜きだしてみる。評論集の刊行は戦後でも、各評論の発表は戦前である。人々の狂いぶりをしっかり見ておきたい。

付和雷同という悪徳がある。林の文にはそれを描くものが多い。まず「思想の運命」。これは日米開戦の二年まえ、昭和一四（一九三九）年に刊行された評論集『思想の運命』の表題作である。〈ところで、この思想的スノッブ〔俗物〕は思想の力と無力との運載者としてまことにうってつけの動物ではなかろうか。ついうっかり動物などという言葉を口に出してしまったが、事の序にこれを動物に見立ててよいならばまあ羊ででもあろうか。……パニュルジュが恨みある商人に復讐するために、この羊の習性を利用したことは有名な話である。狡智に長けた彼は、船の甲板にうじゃうじゃいたその商人の羊の群の中からたった一匹、先頭の羊を海に投げ込む労をとるだけで事足りた。あとは手を拱いていても羊の習性がやってくれたからである。羊の群は先導者のあとを追って何のためらいもなく次から次へと海中へ飛び込んで行く。〉あわてた商人が一匹の羊にしがみついたところ、羊は彼を背にしたまま海に飛び込んでしまった。〈この怯惰な動物がそれほど向う見ず

に勇敢でもあるということを、この溺死者は不幸にも思い出す余裕がなかったのだ。〉
付和雷同はおおくの集団性動物にみられる性質である。これは集団性動物が行動を共にするために、生得的にそなわった性質なのであろう。緊急行動のさいにはとくに同調性がつよく現われやすい。人も、多少は誰にでもその性質があるだろう。
戦前日本の狂奔にかんして、この付和雷同性はひとつの鍵である。そこには、ちゃんとした自我の確立がない当時の日本人の姿がみえてくる。デイヴィッド・リースマンは『孤独な群集』のなかで、人間の類型として伝統指向型と内部指向型と他人指向型をあげたが、どの型が多いかは、社会状況とともに文化にも影響されるのだろう。自我のよわい文化には他人指向型（レーダー型）が多いように思われる。このタイプは大勢に流されやすい。社会が奈落へ転落していく時代には、その同調性はまったく罪なものとなる。社会が地すべりをおこす。「和」を重んじる協調主義は「和して同ぜず」（論語）を教訓にしなければなるまい。

握り飯一個の覚悟

林の評論「哲学者のコミック」（『思想の運命』所収）は開戦二年まえの発表だが、そこには哲学者たちの、なびき現象が報告されている。〈我々は最近わが哲学界の巨璧と呼ばれている深遠な哲学者たちが、刻下の思想的社会的問題について甚だ浅い平凡な通俗的でさえある見解をいかにも尤らしい顔で述べ立てているのを見た。これは遺憾ながら「哲学者のコミック」の又一つの

別な型を暗示するものといわなければならない。〉

これに関連する話題として、いわゆる京都学派は総崩れであった。西田幾多郎は「絶対矛盾の自己同一」という自らの発明した哲学用語をつかってじわりと体制ににじりよった。「京都学派の右旋回」と題して山田宗睦がその情景を描いている（『西田幾多郎の哲学』三一書房、一九七八）。

戦争中の一九四三（昭和一八）年に西田幾多郎が書いて政府側にわたした「世界新秩序の原理」の「要旨」はこう始まる。〈真の世界平和は全人類に及ぶものでなければならない。……大東亜戦争は、東亜諸民族がかかる世界史的使命を遂行せんとする聖戦である。〉

この発言が本心であれば、誤った信念だったということで話は済む。だがそれは西田の本心ではなかったはずだ。無残な姿をさらしたものだ。禅にも造詣の深い日本を代表する哲学者の生ま身の現実がこれであった。

国家権力の圧力があったから仕方ないというのだろうか。かつて仏教者・清沢満之はこう言った、〈古今の聖賢の大悟といえば、よほど広大無辺の物のようにあるが、おしつめて見れば握り飯一個になる。古えの聖人は、まさかの時は、握り飯一個がなくなればなくてもよいという腹がきまった。飢えて死すべきものならば、飢えて死んでもよいと覚悟ができたのである。〉（安藤洲一『王陽明の解脱観』敞文館、一九四二）そんな握り飯一個の覚悟がもてない者は、思想の門から去るべきである。――こういう言葉は自分自身に返ってくるのだが。

京都学派がいう、主客の対立をあいまいにするたぐいの日本的自我なるものは、過剰同調性を結果するのではないかと疑われる。そうした自我はなんら称揚すべきものではなく、近代では克服されるべき在り方でしかない。ムラ的な共同体でならともかく、個人の集合である近代社会においては、主体と客体とをはっきり分けて、主体はつねに懐疑を一方に持っていなければならない。社会契約で権限をゆだねる国家に対しては、疑いをひめた監視が必要である。懐疑が個人をつくる。何に対しても懐疑の精神をうしなわないのが人工社会に生きる近代人だ。そういう心性は日本の伝統には無かったことを認めねばならない。

沈黙すら許されぬ

つぎに、開戦の二年近くまえ、『都新聞』（現・東京新聞）昭和一五（一九四〇）年一月一三日—一四日号に発表された「新スコラ時代」をみる。〈この数年間、われわれは精神主義の昂揚を見てきた。しかしその精神主義たるや……気兼ねと思惑と虚勢と——底を割ってみれば、ざらざらと、そんな卑小な根性の瓦礫の山だ。〉精神主義とは、自分たちには戦争をやれるだけの物資がない、けれども戦争をするしかないのだという悲鳴みたいなものであろう。もし精神力で飛行機を落とせると思いはじめたらこれは立派な狂気である。

〈私が大の封建ぎらいのくせに、武士道とか禅とかストアとかに非常な愛着をおぼえるのは、まさにそれらのもののなかに見られるある種の精神的態度が現代にまったく欠如しており、その

最もありそうな場所にさえそれがはなはだ乏しいことを痛感しているからだ。〉

林はよくこういう婉曲な物言いをする。言論統制に注意を払わねばならなかったのであろう。しかし注意ぶかく読めばけっこう言いたいことを言っていて、十分に当時の人々のありようが見えてくる。ここでいう、武士道が最もありそうな場所とは軍隊であろう。そこに武士道がはなはだ乏しい、と林は言う。

〈黙っている人間は、たいへんだれかの気に障るという話を耳にしている。〉〈正直に単純きわまる真理の数々さえ言ってはいけない世の中などは、何といっても変則的な、不具的なものだと言わねばなるまい。〉〈私は養魚場の魚のようにおとなしい思想には残念ながらどうしても大して食欲が起こらないのである。〉

本当のことを言ってはいけない、黙っていてさえいけない、みんな同じ歌をうたえ、というのだ。ちがう歌などうたわれたら、かろうじて保っている精神がくずれてしまうから、だろうか。監視の目は特高だけではない。国民の多くが異質者を許すまいと監視の目を光らせている。これが後世にいう全体主義にほかならない。言論の自由がなくなったときがすなわち全体主義だ。全体主義は言葉を恐れる。なぜなら、言葉は真実を伝え、そして全体主義は真実を恐れるからだろう。真実の代わりに当局は官製の「タテマエの真実」をおしつける。人心はその力にのまれていく。おおくの冤罪事件での〝自白〟をみてもわかるように、人間の心はもろく弱い。

戦前をかたるには、そうした政府の弾圧と脅迫をこそまず言うべきなのかもしれない。じっさい、一九二五（大正一四）年に治安維持法が施行され、とくに一九三七（昭和一二）年に始まった日中戦争以後はとくに言論弾圧がきびしくなり、出版物は削除・発禁などの検閲処分をうけた。言論の自由はほとんどなかった。

だが人々は、たんに弾圧だけで、黙ったり言うことを変えたりしたのではなかった。そこにはもっとずっと能動的で積極的な参加があったように見える。「よいしょ」の大合唱なのだ。それは次の文からもうかがい知れる。

〈威勢のよいお祭りに、山車の片棒かつぎなどに乗り出す気などはいっこうに起こらぬ。絶壁の上の死の舞踊（ダンス・マカーブル）に参加するひまがあったなら、私ならばエピクロスの小さな園をせっせと耕すことに努めるであろう。これは現実逃避でなくして生活権確保への行動第一歩なのである。〉人々は何に浮かれたっているのか、気持ちが昂揚して我を喪った状態のようである。

国家が悪い？　民主国家にあっては国家の在り方を選んだのは国民自身である。一九二五（大正一四）年に、普選運動三〇年の成果として、二五歳以上の男子という限定付きながらも普通選挙法が成立した。そうである以上、国家が自分を縛ったといっても間接的には自分がそうしたのである。国家や制度を変えるという責任を放棄したかぎりにおいて、国家の責任は個人の責任へともどってくる。戦前日本にも国民各人を完全には免罪できないほどの民主主義が存在した。そのことは指摘しておかねばならない。

貧すれば鈍するか

つぎに日米開戦の前年、昭和一五（一九四〇）年三月号の『思想』に発表された「鶏を飼う」をみる。これは林が裏庭に鶏舎をたてて二十羽の鶏を飼いはじめ、そこから見えてくる世情について書いたエッセイである。

林は鶏の飼料の入手難について語る。〈満州からは苞米［とうもろこし］も高粱も大豆粕もろくに来ない。しかも大豆粕たるや魚粉とともに無機質肥料の逼迫のため慌ててつくられた有機質肥料会社との争奪の的である。仏領インドシナやジャワや南米の苞米、カナダの小麦屑がほとんど輸入できなくなったゆえにこその飼料難〉である。ここに当時の日本の植民地・満州が登場することに注目しておこう。鶏の飼育という小さなのぞき穴から世界情勢が見えている。

そういう欠乏状態に輪をかけるのが、政治指導者の政策のまずさである。文の最後では「馬鹿につける薬はない」とまで言う。〈馬鹿は結局、馬鹿なことしかしでかさない。〉〈ここに言う馬鹿がだれのことを指しているかは、諸君の判断にお任せして、私からは言わないことにしておく。〉それが政府・官僚であることは文脈から明らかである。開戦二年まえの時点で、よくこんな発言ができたものだと思う。

当時の政府の愚かさは物資窮乏から来るのだろうか。貧すれば鈍するという諺のとおりである。事態悪化への対応力がない。指導層の愚かさは当時の日本のあらゆる領域にわたっていた。

愚かな指導層とそれに盲従する従順な国民、という組合せであった。

宗教者のあっけない転向

つぎは戦争の一年まえ、『都新聞』昭和一五（一九四〇）年一一月一三日―一六日号に発表された「現代社会の表情」をみる。これは宗教者の転向を記す。〈近頃、われわれがさんざん見せつけられて情けない思いをした、キリスト教諸宗派の「日本的転向」という現象は、峻厳な見方を以てすれば、往昔の吉利支丹《キリシタン》転びなどよりは比較にならぬほど低俗な精神で行なわれた一種の破廉恥行為、極端に言えば宗教的自殺行為であった。〉昔の吉利支丹の背教者や転宗者は〈いわば余儀ない悲劇役者であった。それにひきかえ、あの英雄的な吉利支丹の頼もしい後裔たる今日の恭順者たちは、余儀ない喜劇役者といったところでもあろうか。〉〈信仰の稀薄さ、脆弱さが、今日の信徒の安易なコンフォルミスム〔順応主義〕を可能にしていることを思わねばならぬ。〉

政府からの強制があったにしても、この従順さはいったいどうしたことであろうか。易々とした従順さは賛同とうけとられても仕方ない。後になって強制されたからといっても言い訳でしかない。社会にあっては「反対せざるは賛成なり」であって、明確な反対行動をしなければ同意したのと同じなのである。神への信仰はがんらい世俗的権力に対する頑固な歯止め力をもつはずなのに、それをなくせば社会の安定化装置が一つ減ってしまう。

権威主義と責任委譲

順応主義と似たものに、権威主義や事大主義（大につかえる主義）がある。かつての日本やドイツにはこのタイプの人間が多かったといわれる。そしてその種の人間類型に対応した社会類型があった。どんな社会にも横関係と縦関係があるが、そのどちらが優勢かによって横社会と縦社会が区別される。仏英米などの民主国は横型なのに対して、日本やドイツは権威主義的な縦型社会だったろう。権威主義のもとでは判断や責任を自分でとらず、上の者にゆだねてしまう。そういう習慣が支配する社会では、判断力や思考力が育たない。

「私は貝になりたい」（昭和三三年）というテレビドラマを私は中学生のときに見た。上官の命令に従って捕虜を殺した主人公が戦後、BC級戦犯としてその責任を問われて死刑になる、という話である。上官の命令どおりにしたのならこちらに責任はない、と何となく私も思っていたので、どんなものであれ自分の行為は自分の責任である、という考え方に文化ショックをうけた。のちに、ベルリンの壁を越えようとする市民を上官の命令どおり射殺した東ドイツ兵が、同じ罪を問われた。上官の命令だから無罪、という主張は「アイヒマンの論理」ともいわれる。

権威主義的な社会では、かんじんの権威者もえてして実力がない。権威者がオープンな批判にもまれていないから鍛えられていず、また人材の抜擢法も実力にもとづかないからだ。

ヒトの縦型精神や縦型社会は、サルやチンパンジーのボスへの服従行動や序列型社会と、進化的に相同なのであろう。ただ、ヒトは横型の心性をも強く持っている。

素朴な人々の反応

ナチス・ドイツが一九四〇（昭和一五）年春に欧州で大勝したことを背景に、全体主義こそが不況への解決方法と信じられ、「バスに乗り遅れるな」というスローガンとともに近衛文麿が新体制運動をはじめると、既成政党はみずから解党して合流した。世は滔々と翼賛体制へとなだれこんでいった。

林は、「新体制というもの」を〈命令の言葉として受け取っている素朴な人々のこと〉を評する。〈いったい、人間の言語には二つの機能があると見てよいと思う。叙述の言語、理性の言語〉と〈命令の言語、行動の言語〉である。事実言語と価値言語ともいえよう。〈かくて「新体制」を合図の言葉として受け取り、これに素直に即応しようとしている人々は、……一部知識階級の右顧左眄的な、もったいぶった理論的追従などよりもはるかに深い知恵を顕わしていることが薄々ながらわかろう。〉（「現代社会の表情」から）

大政翼賛会の前身となった新体制運動は、「新体制」を、革新的な建設的計画、神話、ユートピアとして提示した。けれども「素朴な人々」はそんな理屈を信じることなく、適切にも命令の言葉として受け取り、従ったというのである。たほう、一部知識階級は、政府に服従するという自分の真の目的をおおい隠して、自分は理念に納得したから従うという形をとった。そのぶんいっそうたちが悪い、というのだ。

3　狂気でなくただの無知だったか？

成功可能性の計算

日本の対米開戦について、狂っていたからあんな無謀なことをしでかしたのだと本書は主張しているのだが、ここでひとつ論理的に検討しなければならないことがある。つまり当時の日本人はアメリカの国力をちゃんと知らなかったから、あれは狂気ではなくて単なる無知だった、という意見だ。これには当時の国民の国際常識がかかわってくる。その点はどうだったろうか。英語を敵性言語だとして海外情報を排斥した事実もたしかにある。

まず素朴に直観的にいって、世界地図をひとめ見れば、日本とアメリカの「大きさの違い」は歴然としている。面積にして、アメリカは日本の約二五倍の土地がある。一目瞭然だ。しかもアメリカは日本よりずっと先進国であることも当時の常識だったろう。

日米開戦時の連合艦隊司令長官である山本五十六は、三十代から四十代にかけて語学将校や駐在武官として五年近くのアメリカ経験があり、「デトロイトの自動車工場とテキサスの油田」を見ただけでも日本はアメリカと戦争できない、と語っていた。山本は当時の指導層のなかでは正気を保ちえた数少ない人間の一人で、日米開戦を阻止すべくできる限りの努力をしたのだが、大勢に敗れてしまった。

当時のふつうの日本人は山本ほどのアメリカ認識はむろん持たなかったけれども、開戦を聞いて「アメリカと戦争なんかして……」という感覚をもった庶民は少なくなかったようだ。そんな話を聞くし、私の義母もそんな思い出話をした。そういう単純素朴な感覚があった。みんな負ける戦争だと頭の片隅ではちゃんと分かっていたのであり、だからこそ戦争を始めるのに狂気が必要だったのだろう。

あえて当時の日本人を弁護する立場にたつなら、日本では「小よく大を制す」をよろこび、義経や楠木正成が寡兵で大軍をやぶったのをほめそやす。大英帝国が、地図上では小国ながら七つの海を支配した歴史もある。アメリカは大国といっても人口では日本の二倍でしかない。日本には朝鮮・台湾・満州という植民地があって、広さも多少はあるではないか。これにさらに資源豊かな東南アジアをくわえればかなりよくなるだろう。三五年まえには日露戦争で、あの大国ロシアを日本はやぶった。おりしも西欧では日本と同じ後発国ドイツがすばらしい進撃をみせている。その時流に乗り遅れないようにしたい。そういった気持ちがだんだん強まっていった。そんなところであろうか。

どうだろう、少しは成功の可能性が見えてきただろうか。しかし、日露戦争では日英同盟でイギリスと結んだことが大きかった。その具体的メリットはたとえば石炭。イギリスは良質の無煙炭であるウェールズ炭を産し、それは産業革命の背景因ともなったのだが、これをイギリスは日本には売り、ロシアには売らなかった。だが今回の同盟相手は独伊で、具体的支援はない。当時の日本から我田引水的に個々の事実を見れば、かすかな希望が見える印象もないではないが、全体を見回したときに戦争突入は、見えているものを見ないという意味でやはり狂気であったと感じられる。

本当の勝負はもっと早い時期に

最後に、終戦から一年後に、林が戦前を思い出しながら書いた「反語的精神」を見たい（『新潮』昭和二一年六月号に発表、『歴史の暮方』所収）。それにはこうある。

〈私の見解では、近い過去において、知識階級にとってもっとも重大な決定的時期だったと思われるのは、一般に考えられているように十二月八日〔日米開戦〕ではなく、むしろいわゆる大政翼賛会がはじまったときであるが、実はこのときの知識階級の行動決定のさまを見て、私はそのときすでにもう万事休すと見透しをつけてしまった人間であります。〉

大政翼賛会は日米開戦一年まえ、昭和一五（一九四〇）年一〇月一二日に発足した。しかし、さらにそのモトはと尋ねていくなら、もっとずっと早い時期にまでさかのぼっていく。正気で問題に取り組めた時代が、もっと以前にあったと思われる。

ここで〝戦時中の林達夫〟にふれておきたい。林は京都大学を卒業後、東洋大学文化学科教授となった。林の旧友・三木清が三四年九月、治安維持法容疑による逮捕を理由に法政大学哲学科教授を退職。林は逮捕こそされなかったが特高刑事の定期訪問をうける身で、そのためか三五（昭和一〇）年三月に自ら東洋大学を退職。「東方社」の社外理事となって、『ＦＲＯＮＴ』という対外宣伝用雑誌の編集にたずさわった。これは戦争遂行を目的にした、文字をほとんど使わないグラビア中心の雑誌で、ことばを使わずに済むところが、林の選択理由だったかと思われる。

日米戦争の期間中、林の文筆活動はただ一つ、昭和一七年九月に「拉芬陀《ラヴェンダー》」という短文を書いたのみだった。これは時局には何もふれず、ただ自宅の庭に植えるラベンダーについて書いた。そこに「口を緘した思想運動」をめざした林の、生きるスタイルがあった。〈ともあれ林達夫はみずから選択したポリティックによって、みずからの砦を死守し、たとえ装われたものにせよ奴隷の言葉をいっさい語ることなく、戦時下のきびしい時代をみごとにくぐり抜けたのだった。〉（渡邊一民『林達夫とその時代』岩波、一九八八）

そして林は〈あの八月一五日全面降伏の報をきいたとき、文字通り滂沱として涙をとどめ得なかった。わが身のどこにそんなにもたくさんの涙がひそんでいるかと思われるほど、あとからあとから涙がこぼれ落ちた。〉（「新しき幕明き」、『群像』一九五〇年八月号、『共産主義的人間』中公文庫に所収）

たとえどれほど当時の政府に批判的な人でも、敗戦の日には喜ぶよりも悲しんでほしい、という気持ちが私にはある。私のそういう気持ちはいったい何なのだろうかと、自分でもいぶかるのだけれども。

戦前日本の狂気の証言として、ほとんど林一人の発言しか取り上げなかったことは残念に思うけれど、あの時代に正気を保ち、且つそれにくわえて、人々の狂いぶりをありありと書き留めた人物は、林達夫以外に見当たらないので仕方なかった。しかし言っておかねばならないが、戦前日本には多くのすぐれた人たちがいて、それぞれの思いをもって社会のゆくえを憂えていた。ただ、社会の中心からは外されていった。彼らの言行には今日の観点からみれば適切なものもそうでないものもあるが。たとえば駐在武官としてラトビア、スウェーデンで情報収集しつつ的確な判断をしめした小野寺信（小野寺百合子『バルト海のほとりにて』）。特異な志をもってゾルゲ事件で処刑された尾崎秀実。また、自由主義者・河合栄次郎ほか尊敬にあたいする大学教授らもいた。北河賢三『戦争と知識人』（山川出版社、二〇〇三）がそのあたりを簡潔にえがいている。

人々はたしかに狂っていた、しかしなぜ？　この疑問がわれわれに、明治維新から昭和前期にいたる日本の歴史をふりかえらせる。本書は、なぜ戦前の日本人が狂ったのか、その原因を追究してきたともいえる。狂気にいたる前の段階に、われわれは人々の生活の苦難を見出した。戦前社会の統計数字のなかに、呻き声を聞いたといってもよい。

狂ったあげくに対米開戦、そして当然の敗戦。そのあとに来た占領軍は、凶悪な支配者ではなかった。むしろ改革者、国民が知りながらも放置した階級悪にたいする変革者だった。そのぶんかえって心ある日本人を恥じ入らせるものがあった。日本はアメリカに軍事的に負けただけでなく、人間的にも負けたのではあるまいか。次の第Ⅴ部で見たい。

第Ⅴ部　敗戦後の階級廃絶――農地改革と財閥解体

1　外からの強制的変革

連合軍司令部からの改革指令

戦前日本における階級制度の核心である地主‐小作制度。これを吹き飛ばしたのは連合軍マッカーサー司令部であった。日本は自力ではこの国内改革をすることができなかった。その情況をみておきたい。

はじめに日本側の一応自主的な第一次農地改革法が、一九四五（昭和二〇）年一二月四日、農地調整法改正法案として提出された。その法案を審議中の一二月九日に、連合軍マッカーサー司令部から「農地改革についての覚書」が政府にわたされた。一二月一八日に第一次農地改革法が成立したのだが、この法律はマッカーサー司令部の認めるところとはならず、議会はその覚書に沿ってあらためて審議しなおして、翌年一〇月に第二次農地改革法が成立するに至ったのである。その経緯を昭和21年09月10日衆院で国務大臣・和田博雄がのべている。
鍵となったマッカーサー司令部の覚書を、ここに引用しておきたい。〈農地改革についての覚書というものを私から読みますから〉と前置きして、和田博雄が次のように読み上げた（昭和20年12月16日貴族院、政府委員・和田博雄）。

農地改革についての覚書

一、民主化促進上、経済的障礙〔障害〕を排除、人権の尊重を全からしめ、かつ数世紀にわたる封建的圧制の下、日本農民を奴隷化して来た経済的桎梏を打破するがため、日本帝国政府はその耕作農民に対し、その労働の成果を享受するため、現状より以上の均等の機会を保障すべきことを指令せらる。

二、本指令の目的は全人口の過半が耕作に従事している国土の農業構造を永きにわたって病的ならしめていた諸多の根源を芟《せん》除〔除去〕するに在る。その病根の主なるものを掲げれば次の如し。

A、極端なる零細農形態。日本の過半数の農家が一・五エーカー〔約六反〕以下の土地を耕作している。

B、きわめて不利なる小作条件下における小作農の夥多〔過多〕。日本の農民の四分の三以下が小作ないし自小農であり、収穫の半ばないしはそれ以上の総小作料を支払っている。

C、きわめて高率の農村金利の下における農村負債の重圧。全農村在住世帯の半数足らずがわずかにその農業収入をもって生計を維持し得ているに過ぎない程度に農村負債は農村に深く食い入っている。

D、商工業に対比し格段に農業に不利なる政府の財政、政策。農業金融の金利および農業に対する直接税は商工業におけるそれよりも遥かに重圧的である。

E、農民の利害を無視せる農民ないし農村団体に対する政府の権力的統制。農民の利害とかけ離れたる統制団体により一方的に割り当てられたる供出割当〔引用者注…後に「作付割当」と訂正〕は、往々にして農民を飯米農ないしは供出非協力利己的農家に追い込んでいる。日本農民の解放はこの如き農村の基本的禍根が徹底的に芟除〔除去〕せらるるに至るにあらざれば進行を始めないであろう。

三、よって日本政府は一九四六年三月十五日までに次の諸計画案を内容とせる農地改革草案を本司令部に提出すべし。

A、不在地主より耕作者に対する土地所有権の移譲。

B、耕作せざる所有者より農地を適正価格をもって買取る制度。

C、小作者収入に相応せる年賦償還による小作人の農地買取制。

D、小作人が自作農化したる場合再び小作人に転落せざるを保するための制度。右保証策は左記事項にわたるべし。（引用者中略）

E、なお日本帝国政府は上記項目以外において農民の国民経済への寄与に相応したる農民の国民所得の分け前の享受を保証するため必要と認めらるる計画を提出すべし。

改革は外からの力でしかできなかった

地主‐小作制度を病的、病根と弾劾するこのGHQの覚書は、まさに胸のすくような歯切れのよさだと私は思う。吉田茂は『回想十年』で、「地主に対しあれほど極端に苛酷だった農地改革」と書いたが、過大に所有する地主に補償付きで農地を譲らせる苛酷さと、狭い農地を耕す小作人から五割の年貢をとる苛酷さとを、比べてもらいたいと思う。

覚書にある「奴隷化」(enslave)という過激な表現も、地主制度のありかたは事実それに近いものではなかっただろうか。だがこれに対しては次のような意見もあった。〈日本の農民が「エンスレーブ」されておったというような言葉はどこにも我々は使っておりませぬし、また我々が説明致すのにも、そういう言葉を説明致しておりませぬ。ただ向こうの現在私どもが交渉致しております者は、やはりアメリカの農業を頭に置いてやるものでありますから、日本の農業、殊に小農業国のことはなかなか分りにくいのであります。〉(昭和20年12月17日貴族院、政府委員・和田博雄)

たしかに、日米の土地の広狭を抜きにして日米の農業を比較はできないだろう。「極端なる零細農形態」という表現には日本の土地の狭さへの理解不足が感じられる。その点にかんしては、豊かな国アメリカが同じ寛裕さを日本に押しつけた面があったかもしれない。ともかく、敗戦国日本にとってマッカーサー司令部の命令は絶対であった。この命令があってはじめて十分な農地改革が達成されたのである。

戦前に日本の官僚が農地改革の準備をしていたことがあり、それを根拠に、いずれは日本自身でもできたのだ、英仏でも小作が多かったが改革できたのだから、とする主張がある。だが、元・農林省農地局管理課長の立川宗保はこう語った、〈当時、農林省側では、耕す者その土地を有すと、自ら額に汗して働いている者がその土地の所有権を持たないかんと、誰かよその者に追い使われて、それでよその者の地主さんの言うことを採用するようでは本当の農業の前進はないと、前々から一生懸命考えていたことですから、それがしかも考えながらやろうとすると、貴族院で阻まれたり、枢密院で阻まれたり、それを阻む勢力がたくさんあったわけですね。切歯扼腕しとったわけですよ。それで、それがたまたま進駐軍が来たというようなことから大手を振ってできるということになったもんですからね。百年の念願、この一挙に実現するというようなことですから、みんなもうえらい勢いでね、これはもう本当に奮いたったわけですね。〉（NHKスペシャル『土地の履歴書』より）。

官僚が農地改革を立案しても、その実行は官僚の力をはるかに超えていた。農地改革は革命に匹敵する変化であり、英仏のような本格的な市民革命の経験をもつ国と、日本とを同列に論じることはできない。農地改革は、連合軍の武力をもってして初めて実現したのである。

2　広範で包括的な戦後改革

農地改革の実現

ＧＨＱの指示のもと、一九四六（昭和二一）年一〇月二一日に、農地調整法改正法と自作農創設特別措置法が公布された。これがいわゆる農地改革である。その内容は以下のように相当程度、満足のいくものであった。

まず、小作地のほとんどを小作人に買わせることにする。〈この改革が完了致しますれば、全国の小作地二六〇万町歩のうち約二〇〇万町歩、即ちおよそ八割が自作地となることに相成っております。〉〈第二番目に買収の対象となりまする農地でございますが、不在地主が所有しておりまする小作地は、従来通り全部が買収の対象となります。在村地主の所有しまする小作地につきましては、前回の改革案におきましては、全国平均五町歩まで地主に保有を認めておったのでございますが、今回は、内地におきましては概ね一町歩、北海道におきましては四町歩に引下げまして、これを超えまする小作地全部を買収の対象と致しました。〉

その小作地買収が小作人にとって過度に負担にならないような配慮をする。〈農地を買い受けました農民に対しましては、可能な限度で一時払いを勧奨致しまして、その残額を年利三分二厘、期間三十年以内の年賦償還をなし得る途を設けている次第でございます。更に年賦償還につきましては、将来農産物価格がどんなに下落致しましても、小作農の年賦償還という負担が、小作農にとりまして過重になりませぬように、農地の平年収穫物の価格の一定の割合を超えないように致しまして、このような場合について償還金の減免等の措置を講ずることに致している次第であります。〉（昭和21年09月11日衆院、国務大臣・和田博雄）

そしてこの改革はちゃんと実行された。公布から二年半後には、〈政府提出の資料によりますと、昭和二二年三月三一日に第一回の農地買収が行われまして以来、本年の三月二日に行われました第一一回目の農地買収に至るまでに、……約一八七万町歩の農地が、いわゆる農地解放の対象とし本年二月二八日までにその九五％、約一七七万町歩が従来の小作人等に売り渡されているのでありますが、その結果、今日農村の九割以上が自作農となった。〉（昭和24年05月23日参院、楠見義男）

占領軍という外部の力による、財閥解体と農地改革。これによって日本の階級悪が退治された。おそらくは一時的に、である。

ストライキ権を保障

アメリカ占領軍によって行われた戦後改革は、多方面にわたる本質的な変革であったが、経済面でいえば、農村には農地改革、資本側にたいしては財閥解体、労働側については労働改革が行われ、法律としてはそれぞれ、自作農創設特別措置法、独占禁止法、労働三法（労働組合法・労働基準法・

労働関係調整法）などが制定された。労働組合法では、労働者の団結権・団体交渉権・争議権（ストライキ権）を保障し、労働基準法では労働条件の最低基準をさだめて、労働契約、賃金、労働時間、安全衛生、災害保障等を規制の対象とした。労働法制を国際水準に引き上げることが目標であった。

ストライキなるものは戦前からあった。しかしそれが社会的にどう扱われたかというと、違法だから警察官が排除しようとする、それに労働者が抵抗すると公務執行妨害罪として逮捕される、という具合だった。〈私は大正の後期以来、即ち前の〔第一次〕世界戦争後のわが国の状況について、ストライキ権ということを主張致しました。法律の範囲内においてストライキ権ということを論じ始めたのは、あるいは私でなかったのではなかろうかと思いまするが、そのストライキが如何なる程度において権利として認めらるべきかということは、裁判所の判定を俟って明らかにせられねばならなかったのにも拘らず、その判例は一つもないのであります。そうしてストライキがどういうことによって処置されているかと申しまするというと、公務執行妨害罪という形で統計に上るのであります。ストライキに対して警察官がある方法を講ずる、それに対して反抗しまする所から、それが公務執行妨害という形で刑事統計に現われて、昨年は何件あったと、こういう報告になりまするので、事柄の実態が、不幸にも裁判所によっては真直に正面から解決されるということに立ち至らない残念な状況になっているのであります。〉（昭和21年09月06日貴族院、牧野英一）

労働組合法が戦前、なぜ成立しなかったか。障害は貴族院にあった。〈大正八、九年の頃より労働組合の結成が促進せられ、これに伴うて労働組合法の制定が朝野の問題となったことは、ご承知の通りであります。さきに昭和六年の第五十九帝国議会においては政府提案の労働組合法案を討議致しまして、衆議院を通過したのでありましたが、貴族院において審議未了となり、引き続き満州事変の勃発によって労働組合の発達が阻害せられ、労働組合法に対する朝野の関心も冷却致しまして、遂に今日に至ったものであります。〉（昭和20年12月15日貴族院、国務大臣・芦田均）

次の第Ⅵ部では現在および将来のことを考えたい。当然ながら現在は過去と地続きである。

第Ⅵ部　現代日本の貧困と格差――再び病むのか

1　国家間格差から国民間格差へ

戦後、二つの魔が消えた

ここまでに述べてきた見方に従ったとき、現在の世界や日本がどう見えるか。現状の大きな見取り図はこれだと、思われるところを述べてみたい。

戦前日本を貧困と階級の複合魔が支配したこと、戦後それらがともに一旦は撃退されたことを本書は見てきた。しかし二一世紀には貧困と階級の両魔が息をふきかえす可能性が強い。その兆候はすでに目に見えはじめている。なぜこの双子の魔が復活するのか。それを言うためにはむしろ、なぜ、戦後日本でそれらがずっと鳴りをひそめていたのか、その理由をたずねたい。その理由が成立しなくなるならば、すなわち復活の可能性が大ということになる。

二つの魔ははるか昔から人間の社会には陰に陽に存在していた。魔がいないように見える時でもたんに伏在していただけであった。世界は、人間が自由に子供を殖やして豊かな生活ができるほどには、広くも豊かでもないからだ。戦前日本ではそれら二つの魔がともに露骨に姿をあらわして猛威をふるった。それらが戦後に鳴りをひそめたのがむしろ不思議なのだ。その原因をもう一度ふり返りたい。

マルクスによれば資本主義では、資本家と労働者の階級対立が激化し、革命になるはずだった。しかし二〇世紀前半の西欧世界はそうならなかった。なぜか。その予想を覆らせたのは、レーニンが言う帝国主義的膨張と植民地主義であった。つまり、資本家・対・労働者の対立が、宗主国・対・植民地の対立に転化したのだ。宗主国・対・植民地とは、国同士のあいだの階級制にほかならない。それは資本家と労働者という一社会内部の階級を、宗主国と植民地という国家間の階級へと転換したのだった。第二次世界大戦後、植民地はなくなったけれど、先進国・対・開発途上国の、いわゆる南北格差はのこった。戦後の大々的な工業化と相俟って、見かけ上、二つの魔は先進諸国からは姿をけした。

かつてイギリスは工業化により原料を輸入して製品を生産・輸出することによって、増加人口が生き延びられる道をひらいた。戦後日本はそのイギリスを一つのモデルとして加工貿易に生きる道をもとめた。それが可能だったのは、アメリカというテクノロジーと食糧の巨大供給基地があり、さらに北／南の開発格差があったからだ。その上に日本の努力が花開いた。

世界の水平化による国内の階級化

しかし近年は逆の動きがすすんだようである。まず目立つのが工業化の世界的な拡大である。今、かつての開発途上国の工業化・近代化がいちじるしい。もはや先進国の商品の市場となって原料や食糧を供給する〝後進国〟は存在しなくなった。かつて先進国は国内の上下格差を、南北格差に転化したが、その南がみずから工業化しはじめたら、日本の出る幕はなくなる。アメリカの富の分配にあずかる人口は、中国・インドが加わることで増加し、そのぶん日本の取り分は減る。世界の経済活動参加人口が、近年急激に増加した。その意味での一種の人口魔が現われてきている。

世界は国家間の上下格差をなくして〝水平化〟しつつある。南が消滅すれば一旦は対外転嫁された資本家・対・労働者の階級矛盾が、南から北へと還流する。つまり南が消滅することで、先進国をふくめて全世界で、各国社会内において格差・階級が生じる。国家間が水平化するのと歩調をあわせて国内社会が垂直化する。地球は縦割りから横割りに変わる。つまり世界は大まかにいってレーニンが描く世界から、マルクスが描く世界へと逆戻りする。「レーニンからマルクスへ」である。社会は階級分化がひどい初期の原始資本主義へと逆戻りするのだ。グローバリゼーションが世界各国社会の格差をもたらした、と言われるが、その言葉はこの状況を指している。マルクスが描いた純粋資本主義が、グローバル化によってついに実現する。世界全体のマルクス化。階級魔の再来である。

食糧確保が困難に

ほんらいの意味の人口魔も再来しそうだ。人口が増え、食糧が減る。人口をみると、たしかに先進国の人口増加は止まった。人口減少を心配しなければならないほどだ。とはいえ人口革命のときに増大した人口規模は依然そのままである。他方、開発途上国の多くで、産児制限が普及したとはいえ、全体としての人口は戦後ずっと増えつづけて、世界人口は二〇〇〇年に約六〇億、二〇五〇年には国連の中位予想で約九〇億になろうとしている。地球の潜在的食糧生産能力がトータルでいくらかは論者により幅があるが、余裕が乏しくなりつつあるのは確かだろう。

資源・環境にたいして全世界の工業化が大きな負荷をかけていることは周知の事実である。温暖化による気候変動はすでに渇水をひきおこし、飲料水の不足や、農産物の干害をもたらしている。オーストラリア北東部クインズランド州では二〇〇七年一月、水不足により、下水を飲料用に再利用して二〇〇八年から供給する方針を決めた。また温暖化は地域的な異常気象をひきおこし、オーストラリアでは二〇〇六／〇七と二〇〇七／〇八の両年、旱魃で小麦が不作となった。二〇〇八／〇九年は旱魃の影響が後退して二倍の豊作の予想だが、一進一退しつつ事態は下降していく。二一世紀は世界的に水不足が深刻化し、食糧生産も脅かされるだろう。その点でも人口・対・食糧比は悪化することが予想される。

石油の獲得と使用は、中東の不安定と、石油資源の枯渇接近と、そして温暖化によって不安要因が強まり、脱石油をめざしてトウモロコシなどの農産物からエタノールなどの石油代替バイオ燃料を合成する動きが広がっている。アメリカでもその動きがあり、これはアメリカの食糧供給余力が減ることを意味する。主食のトウモロコシをアメリカからの輸入に頼るメキシコはさっそく不満の声をあげている。食糧の多くを海外に依存する日本にとっても危うい未来像である。中国は食糧問題を農薬問題に転換しており、日本は中国にも依存しがたい。おまけに国際的な投機資金が流れ込んで食糧が騰貴している。ここに述べたことは本書執筆時点での状況なので今後変化するだろうが、大きな趨勢がそうしたものであることは確かだろう。

食える社会は、あれでもよい・これでもよい相対的世界だが、「食えない」は絶対的だ。それは近代的理性を超えた、ファシズムのような非近代的世界である。戦前がそれだった。今後は静かなる食糧危機の時代であり、それは世界がふたたび非理性的で非合理的な社会状況に向かっていくことを意味する。

2　連帯なき社会は可能か？

日本の新たな階級魔

日本には今や階級魔がはっきり登場し始めている。その魔はじつは人口魔の変形だと思われるのだが、人間に対する侮蔑的な扱いとなって現われる。自由競争主義のもとで、おまえは劣等だから下級におちたのだとする。機会は平等だ、おまえが貧困なのはおまえが無能だからだ、すべて自己責任だ、と。自由主義が階級制導入の口実にされるのである。

会社にかんして一時は「資本と経営の分離」が資本主義を是正するかのごとく言いはやされたが、経営が「株主の利益重視」を唱えはじめれば資本と経営は一体化し、資本家と労働者の対立という古典的なマルクス的階級社会が現出する。

これは一部にはよく知られているのだが、一九九五年に日経連が発行した『新時代の「日本的経営」――挑戦すべき方向とその具体策』という報告があるので見てみたい。現在絶版で私は図書館で借りて読んだ。なお日経連は二〇〇二年五月に経団連と統合して日本経済団体連合会（日本経団連）となった。

この資料は「能力・成果重視の人事処遇」を明確にうちだし、とくにその第2章「雇用・就業形態の多様化と今後の雇用システムの方向」の中の図表「グループ別にみた処遇の主な内容」は、三つの雇用形態を区別してその処遇を記している。第一の「長期蓄積能力活用型グループ」は企業の中核をにない、雇用期間の定めがなく、月給制か年俸制、昇給制度があり、退職金・年金はポイント制である。第二の「高度専門能力活用型グループ」は企業の道具的機能をにない、有期雇用契約、年俸制、昇給なし、退職金・年金なし、である。第三の「雇用柔軟型グループ」は企業の末端業務をにない、時間給制、昇給なし、退職金・年金なし、である。

現在の日本では非正社員がふえ、契約・派遣・アルバイト・パートといった低賃金で身分保障のない労働形態が一般化している。厚生労働省の統計によれば現在、非正社員は全労働者の三分の一である。法人企業の経常利益はここ数年めだって増大している一方、労働分配率は低下している。

こうした状況はたまたま成り行き上そうなったのではなく、経営側が意図してビジョンをえがき、それに沿って進んだ結果なのだということが、上記資料をみればよくわかる。彼らがそうした企業形態を創りだしたとはいわないまでも、社会のその方向の潮流をとらえ、意識化し定式化して経済界に広めていったといえるだろう。

労働側の対応は何か

グローバル化や少子高齢化というきびしい状況のなかで、経営者側が労働者を買い叩いて企業の利益を上げようとするのは、彼らの立場としては当然かもしれない。問題なのはそれに対する労働者側の対応力のなさである。労働側の一つの問題として、ソ連・東欧の崩壊とともにマルクス主義が退場し、それとともに、多分にマルクス思想に立脚していた労働運動までもが退潮したことがある。マルクス主義は、その資本主義の解析には優れた点があるが、その処方箋であるプロレタリア独裁は、人権思想を知ってしまった現在のわれわれには不適切である。いま必要なのは「人権思想に立脚した労働運動」の構築である。この方面はまだ思想じたいが明確でない。それでも現在、何々ユニオンといった名称の多くの労働団体ががんばって活動している（たとえば『ワーキングプアの大逆襲』洋泉社、二〇〇七）。

かつての労働運動では「団結」といったが、いまは「連帯」ということが多いようだ。団結は資本家に対する対決を想定しているけれども、連帯はできれば社会全体の合意をめざしたいというニュアンスがあるだろうか。団結は閉鎖的なのにたいして連帯は開放的である。

連帯は広義の愛であるが、愛を必ずしも非利己的で無私な献身だとおもう必要はない。愛とはもっと相互的な、利他を介しての利己である。無私の愛は稀少でむずかしいが、通常の愛は（親子愛をふくめて）利己の延長であり、他者や社会をつつみこんだ利己である。「情けは人のためならず」というのは恩恵のやりとりの意味であるが、連帯とはそんなふうに自己利益は他者をふくめた大きな輪をつくるかたちで図るのがよい、それが人間の社会だ、という考え方である。

そうした連帯なしに社会が存立できると、思うほうがおかしい。私はそう信じる。これは社会観の問題である。

共同の大きな目標が必要だ

グローバル化はモノ・カネ・ヒトの往来を活発化させ、国の存在を希薄化させた。しかも国内での階級分化は、帝国主義時代の征服者と植民地民のように、まるで別民族めいた関係になって、境界はむしろ国の内部に引かれはじめている。

しかし国境消滅の時代といわれる現在でも、他国への移動の自由はあっても移住の自由はない。だから国は今も人口の単位であり、その意味で〝一つの船〟である。国は自分が投票権をもつ最上位団体で、投票によってその体制を変える可能性もゼロではない。そしてこれは今後、物資欠乏が進めばもっと切実になってこようが、戦争をするときにも国が単位である。経済はともかく、政治的・軍事的な単位としての国は厳存する。

戦前日本は華族制度まであって今よりひどい階級社会だったが、それでも戦争への突入と敗戦という運命にかんしては、みなが一蓮托生であった。現今の日本では人々の連帯のなさが顕著だけれど、しかし実は、一つの社会のなかで人々は〝ザイル〟で結ばれていて、誰かが岩から落ちればそれは全員への重みとなり、そんな人が増えればやがてはみなが一気に墜落するのではあるまいか。

これからは最大公約数的にこれは良いと思える目標をきめて、国民が協同してそれに向かって邁進する、そんなあり方が求められよう。私も一人の国民として、日本の国としての目標を三つあげてみたい。とくに変哲もないが、連帯、平和、環境、である。

①連帯志向。連帯を重んじて、社会的格差を最小限にするように努力すること。それが対外戦争への内圧をへらすことになる。ちなみに北欧は段違いに社会保障が発達しているが、そのため失業時の心配がすくなくて、不採算部門の廃止が容易にできるということだ。社会保障にはそういうはたらきもある。外国人労働者をどう待遇するかについては、ここではあえて述べない。

②平和志向。武器輸出をしない——これは戦後日本が世界に誇れる政策である。これをこれまでどおり続けること。戦争をせず、またアメリカという不安定な国の戦争にうかうかと加担しないこと。

③環境志向。安心・安全で健康な、信頼性のたかい（虚偽のない）食品や環境をめざすこと。資源のリサイクリングの徹底や、石油代替エネルギーの開発、とくに自然エネルギー（太陽光などクリーンでグリーンなエネルギー）の開発を、社会全体の合意として推進してはどうか。EUや最近はアメリカでもそうした方向への動きが出てきた。これらはうまくいけば日本の対外依存を減らすことにもなるが、さらに大げさにいえば、次世代文明構築への歩みになりうる。国の特技としても、環境技術をきたえるのには利点がある。マンガ、アニメでわかるように、欧米の物まねをせずひたすら国内消費者の需要をめざせば、それは結果的に最も世界に通用する普遍性をもつことになる。環境、安全、健康関係の技術には同じ性質がある。環境問題はボーダーレス（無境界）化しているから、この方面で日本は国際貢献もできるのではないだろうか。

総じていえば、連帯しつつみんなが普通以上の幸せな生活のできる、よき社会をめざすことだ。戦前の教訓として現代に活かせるのはそれである。

あとがき

日米戦争の山場は、それを開始するまでにあった。始めてから以降は、たんに国力の圧倒的にまさる側が順当に勝っただけで、なんの変哲もない。それは実は始める前からわかっていたことで、そんなわかりきったものをなぜ始めたかのほうが問題である。いったいなぜ始めたのか。戦争は退屈しのぎや観念論議でやるものではない。餓鬼道(食えない状況)におちた人々が狂乱して身を投じる修羅(闘争)の場である。

国民の基礎的な生活の充足/不充足こそが決定的に社会の動向を決める。本書でみたように、そこでは人口的要素と、階級的要素の両方が相関・連携してはたらき、悪循環におちいっていく。これまでの多くの戦争原因論はそうした人々の生活基盤にはまったく触れないか、あるいはせいぜい、それら二要素の片一方だけを見たにすぎなかった。しかしそれでは真実をとらえられない。

戦前日本の社会状況にわれわれが見出すのは、感覚的にいえば、多数の人々の「生きづらさ」である。その苦境が昂じてついに爆発したのが戦争突入であった。社会は個々人が独立に生きているように見えても、じつはみなが同じ一つの船に乗りあわせていて、沈むときは一蓮托生である。現在ではグローバル化して国境があいまい化したといっても、居住の枠組みは国、人口の単位は国であり、戦争するときの単位も国であって、かつてと同じである。一つの社会のなかで、一人の不幸はいわば船の一つの穴、多数の人々の不幸は多数の穴となり、ついには船が沈むに至る。人々の生きづらさを冷淡に放置するような病んだ社会においては、結局は社会自身がその報いをうけねばならない。

近年の日本はどうか。私自身、安全地帯にいるわけではない。私は本書を「今言うべき最も大事なこと」はこれだと思って書いている。ほとんど、現在の問題を語るために過去の問題を論じているのである。

人間を粗末にする社会に未来はない。そして今、——このひとことが言いたかったのだが——かつてと同じ種類の生きづらさが日本の社会に徐々に広がってきている。

45		20	5. ドイツ降伏 7. ポツダム宣言 8.15. **日本降伏** 9.20. 吉田茂、マッカーサーを訪問 三木清、3月に検挙され、敗戦後の9月に獄死 12. 労働組合法（49年GHQの示唆により全面改定）	9.11. 朝日新聞・天声人語「海外進出の問題」
46		21	3. 以降、**財閥解体** 5. 尾崎行雄が議会で懺悔 6. 吉田茂、首相となる 10. **農地改革**	6. 林達夫「反語的精神」
47		22	5. 帝国議会から国会にかわる。枢密院廃止	
48		23	7. 優生保護法 10. 第二次吉田内閣、白洲次郎が貿易庁長官に就任 GATT発効（日本は55年に加盟）	
49		24	10. 中華人民共和国が成立 トンプソン来日	
1950		25	6. 朝鮮戦争始まる（～53年）	

* 岩波日本史辞典等を参照した

33		8		上田貞次郎編著 『日本人口問題研究』
34		9	東北地方凶作 コンドームの生産が飛躍的に伸びる	矢内原忠雄『満州問題』
35		10		矢内原忠雄 「マルサスと現代」 櫛田民藏「最近時における土地所有の移行」
36		11	**二・二六事件** 11. 日独防共協定 西安事件。第二次国共合作、抗日民族統一戦線へ	
37		12	7. 盧溝橋事件、**日中戦争**の開始（～ 45 年） 8. 北一輝刑死 11. 日独伊防共協定	
38		13	4. 国家総動員法	
39		14	9. ドイツがポーランド侵略 第二次世界大戦の開始（～ 45 年）	7. 林達夫『思想の運命』
1940		15	春、ナチス・ドイツ、欧州で大勝 9. 北部仏印進駐。いわゆる ABCD 包囲陣ができる 9. 日独伊三国同盟 10. 大政翼賛会発足 人口：7193 万人	1. 林達夫「新スコラ時代」 3. 同「鶏を飼う」 6. 同「歴史の暮方」 11. 同「現代社会の表情」
41		16	6. ロバート・フィアリー来日 7. 南部仏印進駐 9. ゾルゲ事件（～ 42 年 6 月） 12.8. **日米開戦**	
42		17	2. 食糧管理法	3. 北岡寿逸『失業問題研究』 3. 林達夫「拉芬陀」
43		18		西田幾多郎 「世界新秩序の原理」
44		19		

1920		9	戦後恐慌 12. 日本社会主義同盟が成立 日本の人口：5547 万人	
21		10		石橋湛山「大日本主義の幻想」
22		11	4. 日本農民組合の結成 7. 日本共産党が非合法に創立 サンガー来日	
23		12	9.1. 関東大震災 震災不況	
24		13	第一次国共合作 排日移民法がアメリカで成立	
25		14	4. 治安維持法 5. 普通選挙法	
26	昭和	1	3. 労農党の結成 12.25. 昭和と改元 満州で支那側自弁鉄道の建設開始	
27		2	金融恐慌	
28		3	３・１５事件（共産党弾圧） 6. 張作霖、関東軍によって爆殺される 12. 張学良、南京国民政府に合流	矢内原忠雄『人口問題』
29		4	４・１６事件（共産党弾圧） 世界恐慌が始まる **昭和恐慌**（～ 36 年）、農民窮乏化、失業帰村 3. 山本宣治暗殺	トンプソン『人口過剰の対策』（翻訳は 31 年）
1930		5	豊作、米価下落 日本の人口：6450 万人 （年増加数 99 万人）	
31		6	凶作 9. 柳条湖事件、**満州事変** 12. 高橋財政（高橋是清蔵相）	
32		7	1. 上海事変 3. 満州国建国 五・一五事件 満州移民が始まる ルーズベルト大統領就任	

02		35	日英同盟（～ 23 年）	
03		36		
04		37	日露戦争（～ 05 年）	マルクス、エンゲルス 『共産党宣言』初訳
05		38	9. ポーツマス条約によりロシアから東清鉄道を獲得、樺太の北緯 50 度以南が日本領となる	
06		39	11. 南満州鉄道株式会社**（満鉄）**設立	
07		40		
08		41	4. 台湾鉄道が全線開通	
09		42		
1910		43	8. **韓国**併合、朝鮮総督府を設置 日本の人口：4918 万人	
11		44	辛亥革命	
12	大正	1	7.30. 大正と改元 8. 友愛会が結成される（21 年日本労働同盟と改称） 農商務省「小作慣行調査」を実施 南京に臨時政府、中華民国の建国を宣言	
13		2		
14		3	6. サラエボ事件 第一次世界大戦の開始（～ 18 年）	
15		4	1. 日本、中国に 21 か条要求	
16		5		
17		6	ロシア革命	レーニン『帝国主義』
18		7	7 ～ 9. 米騒動	
19		8	３・１運動（朝鮮独立運動） ５・４運動（中国反帝国主義運動） 6. ベルサイユ条約 加藤シヅエ渡米	北一輝『日本改造法案大綱』執筆、刊行は 1923 年 ケインズ『平和の経済的帰結』

関連年表

西暦	元号	年	事件* 5つの流れ ① 人口増加 ② 国内経済と労働運動 ③ 対外侵出 ④ 東アジアの民族主義 ⑤ アメリカの西進	著書・論文の発表 (本書で取り上げたもの)
1867	慶應	3	大政奉還・王政復古	
1868	明治	1	9.8. 明治と改元	
・・・				
1872		5	人口統計の正式開始 日本の人口：3481 万人	
・・・				
1877		10	西南戦争	
・・・				
1880		13	日本の人口：3665 万人	
81		14	松方正義、大蔵卿となる。松方デフレ	
・・・				
1890		23	11. 衆議院開院 日本の人口：3990 万人	
・・・				
1894		27	日清戦争（～ 95 年）	
95		28	4. 下関条約で**台湾**を領有 セシル・ローズ、帝国主義を語る	
・・・				
1898		31	アメリカ、米西戦争によりフィリッピンを領有	
99		32	アメリカ、中国に対して門戸開放宣言を発する	
1900		33	11. 朝鮮に京仁鉄道を開通させる このころ日本は食糧輸入国に転じる 中国で義和団運動（98 年～ 01 年） 日本の人口：4385 万人	
01		34		

no attention to the actual material condition around him. When will a person go mad? He will lose his mind when the surrounding condition is completely hopeless. People of Japan just before the war became mad. The cause was the want of sufficient living goods, which they could not obtain after all.

We prove that Japanese people of that age were really mad. The basis of our discussion can be obtained from the essays which were written by Tatsuo Hayashi just before the war. One essay was titled *"The Sunset of History"*, written one and a half year before that war. His essays described how people wavered in front of the possible terrible future.

The essays also showed the Japanese national character that did not think for themselves and moved under authoritarianism. That is acute remorse for present-day Japanese.

Assertion 4 : Circumstances of the present-day Japan bears some parallels to those of the prewar Japan.

Both the poverty of people and a gap between the rich and the poor were the features of prewar Japan and those finally led the nation to war. Now, we can widely see the same features in the present-day Japan. It is natural for anyone to be filled with anxiety about the future of this nation. To express this warning was the motivation for me to write this book.

Thompson in 1929.

Assertion 2 : The primitive capitalism brought about class distinctions.

The poverty of Japan was accelerated by the primitive capitalism which brought about unnecessary class distinctions. Marx criticized the capitalism which caused class distinctions. The class distinctions in prewar Japan can be and should be analyzed somewhat by the concepts of Marxism, which captures at least some truth of the primitive capitalism of those days. We discuss this problem, reading the book titled *"The Population Problem"*. This book was written by Tadao Yanaihara in 1928 and contained the criticism for capitalism.

There was an extreme class structure in farming areas in the prewar Japan. One is the landowning class and the other was the peasantry class. The former exploited the latter, taking half of the harvest away. Resistance motions were oppressed by the Peace Preservation Law set up in 1925.

We also review the anti-establishment movement called the 2.26 Event which was a failed coup d'état trying to destroy the hierarchy of Japan.

Assertion 3 : Japanese people of the early Showa era finally went mad.

What does madness mean? Madness means a mind that ignores reality. A person is mad, if he (or she) pays

poverty in Japan of the early Showa era.

The population of Japan kept increasing all the while since the Meiji Restoration. The rate of increase was about one percent, and this rate doubled the Japanese population up to 1941, the year of the outbreak of Japan-U.S. War. Birth control was not yet familiar to Japanese people. The increasing number of people needed to find their means of livelihood, and that was not easy.

One may think that they had to emigrate to other countries such as America, as English people did before. America, however, prohibited immigrants from Japan in 1924. In that year, the anti-Japanese immigration law was set up in America. Japanese people, therefore, could not emigrate to America. How were countries in South America such as Brazil? Most of Japanese people did not wish to move to that area.

Besides, we should pay attention to the industrial circumstances of prewar Japan. Japan was lacking in iron and coal needed in industry, because the country was narrow. There was not yet a free trade system such as GATT formed in 1948. So, Japan could not obtain industrial materials, and did not have a way of living through the free trade system. On the other hand, the Japanese level of industry was not yet high in the prewar period. Thus Japanese population overflowed their own country to the East Asia.

Of course, there are many points of argument to be checked. This book discusses various aspects, reading the book *"Danger Spots in World Population"* written by W. S.

"Why were they so poor? What were responsible for the poverty?"

This book raises and examines two causes for poverty. One is the increase of population. The other is the earnings gap among people caused by the primitive capitalism, which brought about class distinctions. We investigate these two factors in a numerical way using statistical data in that period.

The degree of poverty of a nation can be measured by both the mean and the variance of national wealth. The mean is the total wealth divided by the population, and the variance is the inequality of wealth between people. These two statistical variables are connected to two thinkers. One is Malthus who wrote the original book of population problem titled *"An essay on the principle of population as it affects the future improvement of society"* in 1978, and the other is Marx who wrote a book critical to capitalism titled *"Das Kapital"*. The social factor pointed out by Malthus is related to the mean value of people's living goods, especially food, and indicates the level of poverty of the society. On the other hand, the social factor stressed by Marx is related to the variance of people's living goods, and shows the existence of social classes.

This book refers to these two thinkers. Thus far, two schools combined to each thinker have competed against each other. However, truth seems to exist in the viewpoint that those two are relevant to each other. We, in this book, aim to find the "pair dance" of those two social factors.

Assertion 1 : The increase of population seriously caused

goods including food, or if they have jobs to get enough money to obtain necessary goods. If a big war between nations breaks out, we should suspect that at least one of the nations wants fundamental living goods. Maybe many of the people suffer from the unemployment problem.

One may think: people of some nation may be so evil that they ravage another country. He may say, "I know those people are wicked by nature." However, can we not think that they really want food and living goods? Maybe their evil is not a cause of aggression, but a result of want for necessary materials. We can say so as far as a big nation-nation war is concerned.

Now, Japan opened an attack on U.S. in 1941. How were the Japanese circumstances in the prewar period? Our research aims at the following goal.

Our Goal Hypothesis : Japan of the early Showa era suffered from the want of fundamental living goods.

In this book, we investigate this hypothesis mainly by means of statistical data in the early Showa era. We trust numerical values. This book is not one that advocates a certain insistence, but one that theoretically researches into how the situation of Japanese people was in that period. This point should repeatedly be stressed.

The main subject of this book is poverty of the Japanese society in the early Showa era. Poverty means the want of living goods. If we admit that the cause of war is poverty, then we wish to know the causes of poverty. We must ask,

Title: ***Why did the Japan-U.S. War break out?***

Subtitle: From a viewpoint of people's food and livelihood problem, this book reviews both the early Showa history and the present-day Japan

Contents:

The main part of this book researches for the cause of that war by means of statistical data in the early Showa era. The purpose of this book is not to insist some belief but to understand the truth of that war and related matters theoretically.

First, we wish to formulate two hypotheses regarding a big war between nations.

Hypothesis 1 : A want of living goods in some nation can be a cause of war.

It is not unnatural that, if people of some nation want fundamental living goods, they decide to seek their need through a war. Who can blame them? The reverse may also be true.

Hypothesis 2 : A war, at least a big war between nations, will not break out, only if people of each nation are living satisfactorily.

People do not need a war, if they can get sufficient living

や行

ら行

わ行

ま 行

な 行

は 行

た行

さ 行

索引

著者紹介

高橋英之（たかはし　ひでゆき）

1944 年 愛媛県伊予三島市（現・四国中央市）に生まれる
1967 ／ 72 ／ 75 年 京都大学理学部卒業／同・大学院修了／同・理学博士
現 在　日本大学理工学部教授
専 攻　精神 - 社会相関論
著 書
『超超自我と〈精神の三権分立〉モデル』（人工精神論）昭和堂、2005 年
『偉大なる衰退』（次世代文明の設計）三五館、2000 年
『思想のソフトウェア』法藏館、1993 年
『コンピュータの中の人類』御茶の水書房、1990 年
論 考
「少子化ニッポンは『農園都市国家』をめざせ」、
中公新書ラクレ『論争・少子化日本』川本敏編、2001 年 所収

日米戦争はなぜ勃発したか
メシの問題からみた昭和史と現代日本

2008 年 7 月20 日　初版第 1 刷発行

著　者　高橋英之
発行者　松田健二
発行所　株式会社　社会評論社
〒 113-0033　東京都文京区本郷 2-3-10
電話　03（3814）3861　FAX　03（3818）2808
http://www.shahyo.com
印　刷　瞬報社写真印刷株式会社
製　本　株式会社東和製本